내 어린 시절

내어린시절

만주의 조선족 항일 여전사 회상기

초판 제1쇄 인쇄 2010. 8. 10.
초판 제1쇄 발행 2010. 8. 15.

지은이　　이 민
펴낸이　　김 경 희

경　영　　강 숙 자
편　집　　김 예 지
디자인　　이 영 규
영　업　　문 영 준
관　리　　강 신 규
경　리　　김 양 헌
펴낸곳　　(주)지식산업사
　　　　　본사 ▪ 413-832, 경기도 파주시 교하읍 문발리 520-12
　　　　　　전화 (031) 955-4226~7 팩스 (031)955-4228
　　　　　서울사무소 ▪ 110-040, 서울시 종로구 통의동 35-18
　　　　　　전화 (02)734-1978 팩스 (02)720-7900
　　　　　한글문패　　지식산업사
　　　　　영문문패　　www.jisik.co.kr
　　　　　전자우편　　jsp@jisik.co.kr
　　　　　등록번호　　1-363
　　　　　등록날짜　　1969. 5. 8.

책값은 뒤표지에 있습니다.

이 책을 읽고 저자에게 문의하고자 하는 이는
지식산업사 전자우편으로 연락바랍니다.

내 어린 시절

만주의 조선족 항일 여전사 회상기

이 민

지식산업사

차 례

내가 태어난 고장 오동하

1924년 11월 5일, 나는 중국 흑룡강성(黑龍江省) 오동하(梧桐河) 하동촌(그때는 나북현 소속, 지금은 탕원현 소속)에서 태어났다.

송화강(松花江) 하류와 오동하가 합류하는 비옥한 평원에 자리 잡은 이 마을에는 1922년에 벌써 조선 사람 몇 집이 와서 황무지를 일구어 벼농사를 짓기 시작했다고 한다. 이에 눈독을 들인 그곳 군벌은 동북지대의 조선 떠돌이 재난민을 계속 받아들여 마을에 살게 했다. 그 뒤 1925년부터는 흑룡강성의 군벌인 오준성(吳俊盛), 만복림(萬福林) 등이 이 고장에 사람을 파견하여 황무지에 말

뚝을 박고 차지한 땅에 투자하여 농장을 꾸려 조선 사람 백여 호를 모집해 왔다. 이어서 심양과 하얼빈 등지에서 뱃길로 조선 사람들을 데려다가 그 가운데 대부분을 오동하 하동촌에 살게 했다. 만복림은 농민들을 오두막에 살게 하며 황무지를 일구어 벼농사를 짓게 하였는데, 이 고장이 너무 춥고 교통이 불편하여 고생이 막심했다. 그리하여 적잖은 사람들이 부금현의 안방하(지금의 집현현 경내), 탕원현의 격절하, 나북현의 압단하 등지로 도망갔다.

만복림은 이 농장을 복풍수전공사(複豊水田公司)라 하고, 으리으리한 공사 본부를 세웠는데, 높다란 담벽 네 모퉁이에 포대(砲臺)가 있고 담벽 밑둥을 에둘러 해자(垓子)를 팠으며, 성 안은 30여 명의 무장 자위단원들과 십여 마리의 개들이 삼엄하게 경비했다.

공사는 조선 사람들을 소작농으로 삼아 벼농사를 짓게 하고, 첫해에 땅 한 마지기에 조 한 섬과

콩기름 서너 근, 그리고 소금 여남은 근씩을 나누어 주었으며, 농사 외에 수리공사의 의무노동까지 부담시켰다. 그나마 우선은 땅이 차례지고* 배를 곯지 않게 된 것만으로도, 농민들은 달가워했다.

하지만 농사가 잘된 어느 해부터는 공사에서 마음대로 소작료를 높이며, 여러 가지 터무니없는 세금을 가혹하게 징수하기 시작했다. 이에 따라 마름에게 바쳐야 하는 부담도 더 늘었다. 이 모든 것에 농민들이 불만을 표시하면, 공사 측은 숙지**를 몰수해버린다며 으름장을 놓았다. 뼈 빠지게 한 해 농사를 지어 풍작을 안아와도 농민들은 빈털터리 신세가 되는 판이었다. 이런 착취가 억울하고 참아낼 수 없어 우리 아버지와 여러 농호(農戶)들은 식구들을 데리고 나북현의 도로하촌으로 도망을 쳤다.

도로하촌은 오동하에서 70킬로미터 떨어진 작

---

*차례지다 : 북한말. 일정한 몫이 배당되거나 어떠한 결과가 초래된다는 의미.
**숙지(熟地) : 3년 이상 가꾼 땅.

은 마을로, 중국 사람과 조선 사람 각각 여남은 집이 살고 있었다. 마을의 양 옆에는 산이 있는데, 서남쪽 도로하 기슭의 연통산을 뱀산[蛇山]이라고도 하였다. 산의 주변은 늪이어서 산이 늪 속에 솟아 있는 듯했다. 산 앞을 흐르는 도로하는, 마을에서도 돌돌거리는 물소리를 들을 수 있었다. 그래서 이름을 도로하라고 지은 것이리라. 이 강과 백여 미터 떨어진 마을은, 산을 지고 강을 안은 경치 좋은 벽촌이었다. 도로하는 물이 깊어 물 색이 검푸르며, 몹시 차가웠다. 그래서 아무도 그 강을 헤엄쳐 건널 엄두도 내지 못했지만, 우리 아버지만은 헤엄 재주가 좋아, 강을 건너가 땔나무 같은 것을 구해올 수 있었다. 아버지의 영향을 받아 오빠 이운봉도 자주 아버지를 따라가 헤엄을 배웠는데, 물살에 밀려 건너편 언덕 나뭇가지에 걸린 적이 한두 번 아니었다. 그때마다 항상 아버지께서 건너가 데려왔다. 그러구러 오빠도 헤엄을 썩 잘 치게 되어 "너는 장차 헤엄 선수감이구나" 하는 아버지의 칭찬까지 받았다. 그때부터 오빠는 물만 보면 뛰어들어 헤엄 재주를 늘렸는데, 나중에는 흑룡강과 송화강까지도 마음대로 헤엄쳐 건널 수 있게 되었다.

도로하의 '신룡'

　내가 셈이 들기 시작한 어느 해 여름날이었다.
나는 서광옥(서광해의 여동생)을 따라 도로하에 나
가 알몸으로 물장난을 했다. 그런데 웬 사내 하나
가 강변을 걸어오는 것이었다. 단단한 몸매에 학
생머리를 한 그는 나이가 십팔구 세 됨직한 학생
같았다.

　그를 보자 서광옥은 바로 "오빠, 마침 잘 왔구
나. 어서 날 건져줘. 물 속엔 온통 긴 고기들이 득
실거려서 무서워!" 하고 새된 소리를 질렀다. 그
래서 나는 그 사내가 광옥이의 오빠임을 알았다.

　"너들 정신 있니? 그건 고기가 아니구 새끼 뱀

들이야!"

서광해는 이렇게 꾸짖으며, 성큼 뛰어들어 우리 둘을 안고 빨리 집에 가서 옷을 입으라고 엉치를 찰싹 쳤다.

강변에서 30미터쯤 떨어진 길가에는 윗면이 6 제곱미터나 되는 큰 너럭바위 하나가 있었다. 우리 둘은 알몸인 채로 그 너럭바위 위에 올라가 놀았다.

"우리 오빤 학생인데 여름방학이 돼서 돌아온 거야" 하고 광옥인 자랑스레 말했다.

광옥이네는 우리 이웃집이라서 나와 광옥인 날마다 동무해 놀았다. 서광해는 광옥이의 셋째 오빠이고, 그에게는 형 둘과 남동생 하나에 여동생 광옥이가 있어서 아버지, 어머니까지 모두 일곱 식솔이었다. 나는 서광해의 동생 서영석은 알고 있었으나, 서광해는 외지에서 공부하느라 집에 있지 않아, 그때 처음 보았다.

며칠 뒤 어느 날, 날씨가 너무 더워 점심 전에

어머니는 나더러 강가에 나가 냉수 한 바가지 퍼다가 밥을 말아 먹자고 했다. 나는 바가지를 들고 강을 향해 반달음질쳤다. 길가의 그 큰 너럭바위를 지나칠 때 원래는 희부옇던 너럭바위의 색깔이 가마반지르하게 변해있어 이상한 생각이 들었다. 그래서 발밤발밤 곁으로 가면서 보니, 검은색에 노란 꽃이 점 박혀 있는 무엇이 타래를 틀고 있었다. 내가 채 눈여겨보기 앞서, 타래 복판에서 불쑥 한 자 높이로 대가리를 내미는데, 분명 주둥이와 눈이 있는 살아있는 것이었다.

"어마나!"

나는 깜짝 놀라 소리 지르며 되돌아 달렸지만, 금방 거꾸러지고 말았다. 엉겁결에 다리맥이 풀린 것이었다. 다시 일어설 수가 없었다. 다행히도 아버지랑 어른들이 다가와서 나를 일으켜주었다.

어른들은 조심스레 그 산 것을 눈여겨보았다. 나는 보기조차 무서워서 손으로 얼굴을 가렸다. 그것은 몸의 굵기가 지름 50~60센티미터정도 되는 보기 드문 큰 구렁이었다. 이윽고 구경꾼이 많이 모여들었다. 그래선지 구렁이는 느적느적 타래를 풀며 너럭바위에서 내려와 강을 향해 기어갔다. 이 모든 과정을 나는 손가락 틈새로 엿보았다. 그 구렁이는 대가리가 강물에 들어갔을 때야 꼬리가 너럭바위를 떠났다. 참 길기도 무척 긴 구렁이었다. 이때는 어머니도 어느새 곁에 와 있었다. 나는 어머니 품을 파고들었다. 워낙 신을 신봉하는 어머니는 구렁이를 향해 쉼 없이 무어라고 중얼중얼 염불을 했다. 나는 알아들을 수 없었다. 어머니는 구렁이가 물속에 몸을 감춘 다음에야 염불을 마치고, 나를 데리고 집으로 돌아왔다.

"엄마, 그 구렁이 정말 무서워요."

내가 이렇게 두려워하자, "무서울 것 없다. 그 구렁이는 신룡(神龍)이시기에 사람을 해하지 않는단다"며 어머니는 나를 달랬다.

하지만, 그날부터 그 구렁이가 눈에 선하고, 어디서나 다 꿈틀거리는 것 같은 공포심에 말려들어, 어머니의 품을 잠시도 떠날 수 없게 되었다. 그래서 하루는 어머니가 나를 마을 서쪽 끝의 송씨 노인 댁으로 데리고 가서 내가 놀란 것에서 해탈하게 해달라고 청을 드렸다. 그 노인은 나를 한참 눈여겨보며 이리저리 안마를 하더니, "좀 놀랐구먼. 이젠 됐수다"라고 했다.

"전 아이 여섯을 낳아 지금 둘밖에 남지 않았는데, 얘도 이렇게 약하니 사람 구실 할 수 있을는지……. 좀 잘 봐주시우다."

어머니가 이렇게 간청하니, 그 노인은 잠자코 있다가 입을 열더니, "얘는 명이 그닥 좋지 않수다. 혹시 뜻밖의 재난을 입을 수 있을 것인즉, 그걸 모면하려면 하느님께 청구하는 수밖에……"라는 것이었다. 하느님에겐 어떻게 청구하는 것이냐고 어머님이 다그쳐 묻자, 그는 내 몸에 기호를 만들어 그것으로 하느님께 고해야 한단다. 그렇다면 어서 그렇게 해달라고 조르자, 그는 견우직녀 앞에 고해도 무방할 것이라며, 먹물 먹인 바느실로 나의 두 팔에 검은 점을 두 개씩 찔러놓으며, 그것을 가리켜 '견우성'과 '직녀성'이라고 하였다.

노인이 바느실을 들고 팔에 찌르려고 할 때 나는 무서워서 도망을 쳤다. 하지만 어머니가 오빠를 시켜 나를 붙잡아 왔고, 둘이서 나를 옴짝 못하게 누르고는 노인이 '바느질'을 하게 했다. 내가 아무리 발악을 해도 막무가내였다. 바느질이 끝나자 '엎딘 김에 절'이라고 어머니는 내 오빠도 그 자리에서 바느질을 해달라고 부탁했다. 우리 오누이의 무사평안을 바라서였다. 오빠는 주저 없이 자진해서 두 팔을 내놓고 늠름하게 조금도 울지 않고 그 바느질의 아픔을 참아냈다. 대신, 방금 발광했던 내가 부끄럽고 무안했다.

그 뒤 설이 지나 태어난 내 동생도 꼭 같은 바느질을 면치 못했다. 그래서 우리 삼남매의 팔에는 똑같은 기호가 새겨져 있다. 그런 다음에야 어머니는 큰 시름 놓았다며, 애들 셋을 다 하늘에 고했으니 애들의 운명을 근심할 필요가 없다고 이웃들 앞에 자랑했다.

그때 그 '신룡'이라는 구렁이가 나타났던 일에 대해서는 마을 사람들의 생각이 서로 달랐다. 어떤 이는 뱀산이 있는 이 마을이 신룡의 발상지라면서, 신룡님이 몸소 마을 앞에 나타나 주신 건 재난을 막고 복을 주려고 함이 분명하니, 이제부터 해마다 풍년이 들어 복된 살림이 펼쳐질 것이라고 즐거워했다. 또 어떤 이는, 그와 반대로 신룡이 나타나면 큰물이 진다며 시름겨워했다.

견해들은 나름대로였지만, 신룡이 나타난 일을 무슨 표시만은 해두어야 한다는 데 생각이 일치하여, 마을이 총출동하여 강가에 큰 제전을 차렸다. 물이 담긴 큰 소래*에 바가지나 작은 소래를 엎어 놓고 손과 몽둥이로 그것을 두드리며 가락에 맞춰 덩더꿍 소리를 내고, 어떤 이는 버들피리를 만들어 불고, 어떤 이는 버들잎을 뜯어 불고, 어떤 이

---

*소래 : 북한말. 대야, 음식물을 담는 등 다양한 용도의 그릇.

는 절*로 장구를 치며 춤을 추었는데, 그 장면이야 말로 흥겹기 그지없었다. 물론 제일 즐기는 건 오랜만에 시름 없이 막걸리[農家米酒]를 주거니 받거니 한껏 마시며 주흥 속에 노래도 춤도 아끼지 않는 것이었다. 술기운을 빌어 사람들은 두려움을 이기며 열광적인 춤과 노래로 복과 안녕[吉祥如意]을 빌었다.

제전이 있은 다음부터 맑게 갠 날이면, 그 구렁이는 꼭 그 너럭바위 위에 나와 햇볕을 쬐었다. 사람들은 누구도 그것을 건드리지 않았고 연통산, 곧 뱀산을 더욱 우러르며 지성으로 그쪽을 향해 절을 하며 기도 드렸다. 나아가서는 뱀산을 흑룡의 선조가 살던 '용조산(龍祖山)'이라고 하는 이도 있었다.

이리하여 마을 사람들에게 뱀을 신으로 모시는 버릇이 생겼다. 산에 올라 나무를 하거나 나물을 캐다가 뭉친 새끼뱀 덩이를 만나도 절대 해치지

*절 : 젓가락의 사투리(강원, 경북, 충북, 함경).

않았고, 심지어는 뱀이 집 안이나 김칫굴에 들어
와도 그것을 때려죽이지 않고 밖으로 모셔내면 그
만이었다.

어머니는 늘 나더러도 "뱀을 무서워하지 말고
절대 해치지 마라, 건드리지만 않으면 뱀은 사람
을 물지 않느니라" 하고 가르치셨다. 나는 여러
번 겪어도 보았다. 하루는 문틈으로 작은 뱀이 기
어 나왔는데, 기실 속은 떨렸지만 어머니의 말씀
이 생각나 그 뱀을 해치지 않았더니 뱀은 고스란
히 가버리는 것이었다. 그렇게 익숙해지다 보니,
나도 점점 뱀을 무서워하지 않게 되었다.

어머니는 김을 매다가도 밭고랑에서 뱀을 만나
면 꼭 무어라고 염불을 했고, 점심 먹을 때는 하늘
과 땅을 모시는 것이라며 밥 소래의 한가운데 밥
을 두 술 떠내어 하늘과 땅에 뿌렸다. 아무리 배가
고파도 어머니의 이 행사에 앞서서 밥을 먹을 수
없었다.

그 시절엔 밥그릇만 보아도 농가생활의 구차함

을 여실히 알 수 있었다. 우리 집의 식기는 큰 밥 소래 하나에, 토장 사발 하나와 얼마나 오래 썼는지 알 길 없는 낡은 구리 몽당 술 하나씩이 고작이었다. 끼니마다 너나없이 하나의 밥 소래를 파헤침이, 마치 '산'을 파먹는 것 같았다. 그 산은 내가 양도 차기 전에 어느새 없어진다. 동작이 느리면 손해를 본다. 언제나 어머니는 그 산이 절반쯤 허물리면 술을 놓아버리곤 했는데, 썩 뒤에야 알고보니 애들과 아버지가 배를 곯을까봐 일부러 먼저 포식한 것처럼 술을 놓는 것이었다.

그해 과연 그 신룡의 보살핌 때문인지 벼농사에 대풍이 들었다. 그래서 원래의 분쟁은 하나로 합쳐지고, 사람들의 얼굴마다엔 웃음꽃이 활짝 피어났다.

지주에게 식량을 앗기다

그해 타작 때였다. 풍작의 기쁨 속에서 온 마을이 들썩이며 타작을 하여 집집마다 마당에는 볏무지가 옹기종기 차 넘쳤다. 싱그러운 벼 향기가 멀리까지 풍겨갔다.

그러던 어느 날, 압단하[지금의 봉상(鳳翔)] 쪽에서 쇠바퀴마차* 십여 대가 달려왔다. 타작마당에 이르자, 총칼을 받쳐 든 병졸들이 지주네 마름의 지휘에 따라 타작마당에 덮쳐들어 마대들에 벼를 담아 차에 실어 갔으며, 마당의 벼를 다 실어 간 다

---

*쇠바퀴마차 : 나무로 바퀴를 짜고 테두리에 쇠띠를 씌운 두 바퀴 마차인데, 1920년대에는 부잣집에만 있는 선진적인 운수도구였다.

음엔 집집마다 곳간을 뒤져 마구 빼앗아 갔다.

이렇게 내리 사흘 동안 강탈하였는데, 숲속이나 얼음 구멍 속에 숨겨놓은 식량까지도 빠짐없이 찾아내어 빼앗아 갔다. 그러고 나서도 농민들을 용마루에 매달고 더 내놓으라고 족쳐댔다. 이건 계약에 따르는 소작료 거둠이 아닌 야만적인 약탈로서, 농민들을 사경으로 몰아넣는 수작이었다.

우리 아버지도 마을 앞 왕씨네 말철틀에 매달리어 모진 매를 맞았다. 아버지는 숨겨둔 식량이 없다면서 놈들의 야만적 폭행을 꾸짖었다. 그래서 더 된매를 맞아 온몸에 타박상이 낭자했고, 내상으로 피까지 토했다.

이 처참한 광경을 본 오빠가 숨 가빠 집으로 달려와 어머니에게 알렸다. 이미 임신 팔삭인 어머니는 무거운 몸을 비척이며 그리로 달려가, 제발 사람만 놓아주면 식량 숨겨둔 곳을 알려주겠노라고 무릎을 꿇고 절을 하며 사정을 했다. 그 한 마대의 벼는 어머니의 해산 기간에 보신용으로 숨겨두었던 것이라는 어머니의 말을 아랑곳하지도 않고, 놈들은 내가 알아듣지 못할 말(나는 거친 말이었을 것이라고 추측했다)로 꽥꽥 고함치며 어머니를 발길로 차버리고 벼 마대를 빼앗아 갔다.

어머니의 꽁무니에 매달려 다니던 나는, 품속에 토끼새끼를 품은 듯 가슴이 퐁퐁 뛰도록 무서웠다. 그것은 그놈들의 언행뿐이 아니고 그들의 차림새마저 몸서리쳐졌기 때문이다. 놈들은 저마다 안에 털이 있는 가죽저고리를 입고, 머리에 눌러 쓴 개털모자는 눈을 반쯤 가리었으며, 발에는 앞코에 총총한 주름을 잡은 울라신을 신고, 다리에는 이리저리 실한 밧줄을 칭칭 둘러맸다. 그 추악한 차림새와 만행을 목격하면서, 어머니의 옛날이야기 속에 늘 나오던 요귀라는 것이 이런 놈들 같으리라고 짐작했다.

겨우 사흘 동안에 한 해의 피땀을 몽땅 다 빼앗기고, 볏짚과 북데기만 남았다. 온몸이 성한 데 없이 다친 아버지는 방에 누워 신음하고, 어머니는 소금물로 아버지의 상처를 조심스레 씻어주며 입 속으론 역시 끊임없는 염불이었다.

　이런 때 갑자기 마당에서 거친 기척이 들려왔다. 그놈들이 또 찾아온 것으로 짐작한 어머니는 황급히 문을 나섰다. 나는 또 어머니의 치맛자락을 잡고 따라나섰다. 다행히도 도적놈들은 아니었다. 우리 앞집 김씨네 두 형제가 성이 박가라는 지주 앞잡이의 멱살을 잡아 온 것이다. 마을 사람들이 모여들어 삽이랑 괭이랑 손에 쥐고 때려죽이겠노라며 '네놈이 지주에게 밀고한 것이 아니냐'고 질문을 들이댔다. 이렇게 너도나도 한참이나 윽박지른 다음, 그 박가 놈을 놓아주었다.

　아버지는 아픈 몸을 일으켜 마을 사람들을 따라갔다. 살아갈 대책을 상의하러 갔을 터였다.

　그 며칠 동안 나는 가슴이 늘 두근거렸다. 아버지가 마당을 나선 다음 어머니를 따라 방에 들어와서도 마음이 뒤숭숭했다.

　"엄마, 무서워 죽겠어."

"무섭긴? 도적놈들은 다 갔어."

"엄마, 그놈들은 무슨 사람들이기에, 난 그 말 못 알아듣겠더라."

내가 어머니와 주고받는 말에 오빠가 끼어들며,

"그놈들은 대국 사람 지주야."

하고 퉁명스레 께꼈다.

"대국 사람이란 건 뭔데?"

"대국 사람이란 거? 그건 키 크고 대가리도 발도 다 큰 사람이지."

오빠의 말이 그럴듯했다. 내가 직접 보았던 사람들도 과연 그러했지 않은가!

"오빠는 그놈들 안 무서워?"

"무섭긴? 난 졸장부 아니야."

"오빤 그 사람들 하는 말 알아들을 수 있어?"

"그렇구 말구! 그 '슬라슬라' 하고 지껄이는 소리는 슬쩍슬쩍 목을 잘라 죽인다는 뜻이야."

여기까지 듣다 말고 어머니는 "대국이란 건 나라가 크다는 뜻이지, 대국 사람이래서 다 사람 죽이는 도적놈이란 뜻이 아니니라. 너희도 보다시피 마을 앞 왕씨도 역시 대국 사람이지만, 그분은 우리네처럼 착한 사람이잖던?" 하고 말씀하셨다.

그때 나에겐 이 모든 말들이 다 알쏭말쏭했다.

아버지는 마을 사람들과 며칠 동안 상의를 했는데, 날마다 집에 돌아오면 어머니에게 그 내용을 알려주었다. 나중에야 안 일이지만, 그때 주로 상의한 것은 소련으로 가자는 주장이었단다. 그 이유라면, 첫째는 변경까지 거리가 겨우 50킬로미터 길이어서 넘어가기가 쉽다는 것이고, 둘째는 소련의 원동지대에는 땅이 많고 비옥하다는 것, 셋째는 시월혁명으로 지주를 타도해서 노동자와 농민이 마음대로 행사한다는 것, 넷째는 거기에 독립운동 지도자와 조선 군대가 있어 앞으로 조선에 쳐들어갈 수 있으리라는 것 따위였다.

이런 이유들로 하여 많은 사람들의 마음이 들떴다. 그러나 한편으로는 '마우재'* 나라의 원동지

---

*마우재 : 러시아 사람을 속되게 이르는 말.

대에는 토비(土匪)가 유난히 창궐한데, 흔히는 말 탄 강도여서 누구도 다스릴 수 없으며 중국의 비적들보다 더 흉악하다는 소문이 돌아, 적잖은 사람들의 가슴을 얼구었다. 그러니 일부는 차라리 송화강 부근으로 자리를 옮겨 살길을 찾자는 주장도 내세웠다.

그런데 발 없는 말이 천 리를 가고, 낮말은 새가 밤말은 쥐가 듣는다는 속담대로, 농민들의 비밀 의논이 지주에게 밀고되었던 것이다. 그래서 지주는 군대를 마을에 주둔시키고, 누구나 도망치기만 하면 붙잡아 와서 식솔 전부를 죽여버린다고 고아쳤다.

이렇게 되고나니, 농민들의 생활은 더욱더 불안해졌다.

설날의 물엿

일 년에 한 번씩 맞는 설날이 멀지 않았지만, 식량을 지주에게 몽땅 빼앗기고 이삭줍기와 산화건이로 근근이 끼니를 이어 겨울을 나는 처지이니, 설을 어찌 쇨 수 있으랴!

한데도 어머니는 겨우내 주워 들인 돌피 이삭을 빻아, 그 쌀에 옥수수싹을 넣고 달여 농가의 사탕이라는 물엿을 만들었다. 그것을 우리에게 조금 맛만 보이고는 창고에 넣으면서, 설날이 오면 물엿에 미숫가루를 버무려서 우리에게 과자를 만들어주겠다고 했다.

아버지와 어머니는 짬만 있으면 논판에 나가 쥐

굴을 파헤쳤다. 쥐굴마다 적잖은 벼이삭이 있었는데, 그건 쥐네 가족도 월동식량으로 한 이삭 한 이삭 훔쳐다가 차곡차곡 쟁여놓은 것이었다. 수난의 농민들, 그 처지가 쥐의 입에서 쌀알을 빼앗아야 할 궁지에까지 이르렀던 것이다.

하루는 아버지와 어머니가 쥐굴을 파러 나가면서 오빠에게 숙제를 남겨주었다. 아버지는 천자문의 한 장을 펼쳐 보이며 "여길 오늘 잘 외워라. 그리구 많이 써도보구. 저녁에 내가 돌아와서 시험을 쳐보겠다"고 분부했다. 아버지는 학식이 있는 분이었다.

"왜 꼭 글을 배워야 하는지 알겠지?" 아버지는 버릇처럼 또 이렇게 동을 달았다.

"알구말구요. 우리 집은 양반 가문. 나는 꼭 학식 있는 양반 자손이 돼야지요."

오빠의 대답은 아버지께서 일찍 거듭 배워준 말이며 나도 아는 말이었지만, 아버지는 그 대답이 흐뭇하여 오빠의 머리를 쓰다듬어주고 떠났다.

부모님이 나가신 다음 나는 오빠에게 양반이 무엇인지 물어보았다. 오빠는 어깨를 으쓱하며 사설을 늘어놓았다. 그 뜻인즉,

　"아버지의 아버지가 할아버지고, 할아버지께 또 아버지와 할아버지가 있는데, 이렇게 거슬러 올라가면 맨 위에 조상 어른이 있단다. 우리 집의 조상어른은 전주 이씨로서 나라의 임금이었으므로 양반이라고 부른단다."

　오빠의 말이 옳은지 그른지는 모르겠으나, 나는 알아듣지 못하면서도 오빠가 보통이 아니라는 생각이 들었다.

　"여하튼 넌 아직 어려서 알아듣지 못할 거야. 이담에 자라나면 알 수 있으니까 지금 그런 거 물을 때가 아니야. 지금은 말이다. 너 그 물엿 먹고 프지 않니?"

　오빠는 싱글 웃으며 문득 물엿 소리를 하였다.

　"물엿? 먹고프지. 하지만 엄마가 설에 과자 만들어 준댔는데……."

"우리 둘이 엄마 없을 때 조금만 먹자꾸나.
응?"

"응? 훔쳐 먹자구?"

"훔치긴? 제집 물건 제집 애가 먹는 건 도둑질
과는 다른 거다. 우리 그저 조금씩만 먹어보자는
건데, 어때?"

보아하니 오빠가 몹시 먹고픈 모양이었다. 기실
나는 더 먹고 싶었다. 하물며 도둑질이 아니라는
오빠의 말이 그럴듯도 한데 왜 안 먹으랴.

"하지만 안 돼. 엄마가 물엿을 창고 다락 위에
얹어 놓았는데, 우리 키에 어떻게 내려다 먹을 수
있니?"

"됐다 됐어. 너만 좋다면 방법은 내가 내는 거
다."

오빠는 싱글생글하며 서둘렀다. 먼저 이불 두
채를 포개놓고 그 위에 베개 네 개까지 얹어놓은
다음, 그 위에 올라서서 나를 목마 태웠다.

"얘, 거의 자라지? 어서 다락 위로 기어올라라."

오빠는 후들후들 떨면서 재촉했다. 나도 머리가 아찔하고 가슴이 활랑거렸다. 하지만 나는 다락 언저리를 꼭 잡고 애써 다락에 기어올랐다. 거기에는 검은 함지가 있었고, 함지 속에는 짙은 갈색의 물엿이 담겨있었다. 나는 안간힘을 써서 엿함지를 다락 언저리까지 밀어냈다. 오빠는 먼저 엿함지를 내려놓고 나를 안아 내리었다.

　　우리는 구들에 엿함지를 놓고 마주 앉아 서로 실쭉샐쭉 웃으며 물엿을 퍼먹기 시작했다. 그야말로 어머니가 달여놓은 물엿은 맛있기 그지없었다. 먹으면 달달할 뿐만 아니라 형언할 수 없는 신기한 향기까지 풍기는 것이었다. 너 한 술 나 한 술, 모든 시름을 까마득히 잊어버렸다. 그런데, 조금만 먹고 만 것이 아니라 목구멍에서 신물이 날 때까지 실컷 먹고 보니, 글쎄 어느새 거의 절반을 먹어버렸던 것이다. 우리는 깜짝 놀라 마주 보며 입을 딱 벌린 채 말을 못하였다. 가슴이 몹시 높뛰었다. 우리는 너무 많이 먹어버렸음을 후회하면서 아까의 방법으로 엿함지를 다락 위에 엎어놓았다.

엿함지를 엎어놓고 이불과 베개를 치우자, 초립
문이 열리더니 불쑥 어머니가 들어서는 것이었다.

나는 그만 엉겁결에 "어마나!" 하고 소리쳤다.

어머니는 저녁 지으러 먼저 돌아왔다면서 우리
둘의 당황한 기색을 보고는 구들 바닥을 살펴보았
다. 구들 위에는 흘려진 엿물이 있었고, 오빠의 입
언저리에는 엿칠갑 그대로였다.

모든 것을 알아차렸을 어머니는 낯색을 흐리었
다. 나는 덜컥 겁이 났다.

나는 어머니 앞에 꿇어앉아 엿을 먹었다고 고백
했다.

"아니에요. 제가 잘못했어요. 제가 애를 추겨서
엿함지를 내려오게 하고 엿을 먹자고 했으니 저를
때리세요!"

나는 울었지만, 대신 혼자 매를 청하는 오빠는
울지 않았다.

이 광경에 어머니는 뒤로 돌아서며 손으로 입을

싸쥐는 것이었다. 우리는 꿇어앉은 채 옴짝하지 않았다. 툭툭 내 가슴 뛰는 소리를 내가 들을 수 있을 만큼 긴장한 시각이었다. 잠깐 뒤 어머니가 돌아섰다. 나는 힐끗 엿보았다. 어머니의 눈은 젖어있었지만, 눈과 귀에는 잔잔한 웃음기가 피어있었다. 그래서 나는 긴장을 좀 풀었다.

"너희들이 스스로 잘못을 아니까 다행이다. 다시는 이러지 말어. 도둑질은 상놈의 행실이란다. 양반의 후손인 너희들은 그런 짓을 안 하는 거야. 알겠지?"

우리 둘은 약속이나 있은 듯 일제히 "알겠어요!" 하고 선선히 대답했다.

"우둔한 애들이지, 그 높은 다락에 기어오르다가 떨어져서 종신 불구자라도 되면 어쩔 거냐? 이 담부턴 절대 그런 짓 하지 말어."

어머니는 조용히 타이르고 정주*로 내려갔다.

---

*정주(간) : 부엌과 안방 사이에 벽이 없이 부뚜막에 방바닥을 잇달아 꾸민 부엌. 함경도 지방에서 많이 볼 수 있다.

어머니가 가자 오빠는 피식 웃으며 내 귀에 대고 "얘, 아까 엄마 돌아섰을 때 뭘 했는지 아니?" 하고 물었다.

"돌아서서 회초리를 찾은 게 아냐?"

"회초리?"

오빠는 큰 비밀이라도 손에 쥔 것처럼 득의양양했다.

"내가 엿봤는데 말이야. 엄마는 돌아서서 입을 싸쥐고 한참이나 웃음을 참은 거라구!"

"그랬나?!"

나는 입을 싸쥐고 웃었다. 어머니는 정말 인자한 분이었다.

"하지만 아버진 우릴 용서하지 않을 것이니까 이 일을 아버지 앞에선 절대 말하지 말아야 한다!"

오빠의 당부는 엄숙했다. 나도 웃음을 걷고 엄숙히 고개를 끄덕였다. 그러자 오빠는 됐다고 허벅다리를 탁 치더니 천자문을 펼쳐들고 "하늘—

천 따—지, 검을—현 누르—황" 하며 낭낭 독서
를 시작하는 것이었다.

  설밑에 이르자 어머니는 남은 물엿에다 쌀튀,
볶은 콩 따위를 버무려서 적잖은 과자를 만들었
다. 어머니는 앞집 김씨네 형제에게 좀 주고 또 버
들광주리에 담은 과자를 우리 둘을 시켜 대국 사
람인 왕씨에게 가져다 주라고 하였다. 홀아비로
말철 신기는 일을 하고 살아가는 왕씨는 우리와
꼭 같이 구차한 나그네라는 것이다. 가난한 사람
끼리 서로 살펴주는 심부름인지라 오빠와 나는 흥
겨운 심정에 콧노래를 부르며 왕씨한테로 달려갔
다. 과자 광주리를 받아든 왕씨는 서투른 조선말
로 연신 "고마쓰다, 고마쓰다" 하였다.

밤중의 화재

북대황(北大荒)의 동삼월(冬三月)엔 밤이 길고, 낮이 짧다. 밤이면 농가의 조명 장치인 등잔을 켰다. 작은 접시나 공기에 콩기름이나 고깃기름을 조금 담고 솜이나 헝겊 나부랑이로 비틀어 꼰 심지를 그 기름에 불군* 다음 심지의 한쪽 끝을 그릇 언저리로 끌어내어 거기에 불을 붙이는 것이 바로 등잔이었다. 그때는 남포등도 없었고 전등은 꿈에도 못 보던 시절이었다. 평소엔 기름이 아까워 모두들 일찍 불을 끄고 자버리기가 상례고, 오직 섣달 그믐날에만은 까짓것 하고 집집마다 등잔을 여러

---

*'불구다 : '불리다'의 북한말

개 갖추고 밤새도록 불을 켰다.

이 해 섣달그믐날 밤이었다. 어머니는 방안의 동·서·남·북과 중간에 각각 등잔 하나씩 차려 등불 다섯 개를 켜면서, 그 다섯이 바로 우리 집의 지금 네 식구와 곧 태어날 동생까지 다섯 식구를 대표하는 것이라고 했다. 그러고는 또 솔가지를 주워 들고 깨끗한 물을 묻혀 여기저기에 뿌리면서 줄창 무어라고 염불을 했다. 누구도 알아들을 수 없는 어머니의 염불은 오직 신령님만이 아신단다. 어머니는 온 집 다섯 식구의 안전과 건강을 기원해 신령님께 염불을 하는 것이라고 했다.

어머니가 대체 무슨 종교를 신앙하는지 나는 줄곧 모르고 있었다. 겉보기에 어머니는 일마다 하늘과 땅에 기도드리는 것이 버릇이었다. 밭에서 점심식사를 할 때는 먼저 밥 한 숟가락씩을 하늘과 땅에 뿌려주고, 평소 집에서도 먼저 기도를 드린 다음 술을 들었다. 섣달그믐날 같은 특별한 때엔 명목이 더 많았는데, 어머니는 언제나 반드시

공경을 다하여 치성드렸다. 이날 밤, 나는 말없이 어머니의 행동 하나하나를 눈여겨보다가 나도 모르게 잠이 들고 말았다.

얼마나 오래 지났는지……. 나는 꿈자리가 어지럽고, 온몸이 불편하며, 목구멍이 아프고, 눈이 맵고, 숨이 막혀 터져나는 내 기침에 놀라 깨어났다. 펀뜩* 눈을 떠보니 창밖은 온통 붉은 색이었고, 귓전에는 "불이야!" 하는 아버지의 고함소리와 어머니의 외침소리가 울려왔다.

"소봉아―, 운봉아―, 빨리 달려 나오너라!"

나와 오빠를 부르는 것이었다. 나는 벌떡 일어나 사방을 휙 둘러보았다. 밖은 불길이 하늘로 치솟고, 창문으로 불길이 넘나들며 안팎의 불이 어우러지고 있었다. 나는 어쩔 바를 몰라 어머니와 오빠를 목청이 터져라 불러댔다. 방 안을 허우적거리던 나는 아직도 이불 속에서 자고있는 오빠를 발견하고는 급히 흔들어 깨웠다. 그때 오빠는 열

*펀뜩 : 북한말. 순간적으로 생각이 떠오르는 모양.

살, 나는 다섯 살이었다. 나보다 다섯 살 위인 오빠가 나에게는 몹시 어른스러웠다. 오빠가 깨어나니, 나는 퍽 안심이 되었다. 오빠는 머리가 좋고, 꾀가 많았다. 그처럼 황급한 순간, 오빠는 나를 끄당겨 이불로 둘의 몸을 덮고 밖으로 내뛰었다. 금방 밖에 나서자 우리는 모진 기류에 치여 쓰러졌다. 이불에 불이 붙고, 내 다리는 불에 데었다. 우리는 애써 앞으로 기었다. 이윽고 쿵 하는 꿍음과 함께 지붕이 주저앉았다. 이때 어머니가 우리를 발견하고 불타는 이불 속에서 끄집어 당겨냈다. 나는 어머니의 품을 파며 울고 어머니도 나를 힘껏 끌어안으며 울었다. 하지만 오빠만은 울지 않았다. 이웃 가운데 누군가는 불붙은 이불을 눈 속에 묻어 불을 꺼주었고, 누군가는 나를 데려다가 오른쪽 무릎에 된장을 발라주었다.[*]

오빠와 내가 쓰고 나온 이불. 그 탈 대로 타다 남은 이불 한 채. 그걸 빼고는 우리 집의 모든 것

---

[*]된장은 농가에서 화상에 약으로 쓰기도 했다.

이 다 불에 타버렸다. 이건 정말 영문 모를 밤중의 화재였다.

이튿날부터 이웃들은 천 조각과 솜을 모아 불탄 이불부터 깁고 기워 덮을 수 있게 만들었고, 집집마다 모자란 식량에서 한 줌 두 줌 모아 우리에게 주었으며, 대국 사람 왕씨는 옹노*를 놓아 잡은 토끼와 노루의 가죽 하나씩을 깔개로 쓰라고 가져다 주었다.

속담에 화불단행(禍不單行)이라더니, 화재로 고생이 막심한 때에 어머니가 해산하게 되었다. 아버지는 서둘러 마을 서쪽의 빈 집 한 칸을 수습했다. 가을에 구들고래**를 치지 않았고, 겨우내 비어 있던 이 집은 쥐들이 구들고래에 함부로 굴을 뚫어놓아 구들에 불이 들지를 않았다. 아버지는 할 수 없이 구들고래를 파헤치고 다시 쌓아야 했다. 아버지가 집을 채 수습하기 앞서, 어머니는 성

*옹노 : '올가미'의 사투리(강원, 경기, 경북, 함경).
**구들고래(방고래) : 아궁이에서 굴뚝까지 도랑 모양으로 쌓고 그 위에 구들장을 덮어 연기가 흘러나가게 만든 곳.

이 변씨인 이웃집에서 해산했다. 한 주 뒤에야 어머니를 집으로 모셔왔는데, 창호지를 얻을 길 없어 창문을 짚으로 막아버린 억척스런 집이었다.

어머니는 남동생을 낳았다. 그래서 우리는 매우 기뻐했다. 동생이 있게 되니 나도 훌쩍 커진 느낌이 들었다. 작아도 이젠 누나가 된 만큼 누나 구실을 하고팠다. 하여 나는 어머님의 가르침에 따라 집안일을 돕고 나섰다. 우선은 동생의 똥오줌 가려주는 일을 도맡았는데, 한겨울이라 물이 귀하여 짚오라기를 뭉쳐 쥐고 동생의 대변을 검줄하는데,* 솜씨가 서툴다보니 내 손에 똥칠갑하기가 일쑤였다. 그렇지만 나는 달가워했고, 우리 모두 남동생을 매우 고와했다.

시간이 썩 지나서야 우리 집의 화재가 고의적으로 지른 불이었다는 사실을 알게 되었다. 불 지른 놈은 바로 지주가 식량을 강탈했을 때, 마을에서 붙잡아다가 닦달을 했던 그 압단하 지주네 마름

---

*검줄하다 : 너저분한 것을 다듬거나 널브러진 것을 가두어 정리하다(함북).

박 아무개였다. 그놈은 그 일의 앙갚음으로 섣달 그믐날 밤중에 우리 집에 불을 질렀던 것이다. 그때 박 아무개를 잡아왔던 김씨네 형제는 다른 고장 총각인데, 우리 마을에 와 거처할 곳이 없어 고생이었다. 그들이 정직하고 착한 젊은이였으므로 아버지는 우리 집 앞채에 온돌을 놓고, 거기에 거처하게 하였다. 그들 형제는 몹시 고마워하며 우리와 아주 가까이 지냈었다. 한데 화재로 하여 그 앞채마저 잿더미가 되어버렸다. 그래서 그들 형제는 우리 마을을 떠나 어데로 가버렸다.

그 화재까지 겪으면서 사람들의 심정은 더욱 산란해졌다. 더는 그대로 붙박여 벼농사를 짓고프지 않았다. 그러나 지주네는 한사코 막아서며 농민들이 그곳을 뜨지 못하게 했다. 워낙 나북이라는 고장은 중국의 북쪽 변강지대로서 인구가 별로 없는 데다가, 수전농(水田農)은 백에 하나도 드물 지경으로 찾아보기 어려웠다. 그러니까 지주의 눈에 우리 마을 조선 사람들은 그들에게 벼농사를 지어주어 돈을 벌게 하는 돈주머니가 아닐 수 없었다. 그래서 지주는 최소 3년 이상 농사를 지은 다음에야 그 마을을 뜰 수 있다고 강박했다. 그들은 농민을 '말하는 소'로, '죽 안 먹는 돼지'로 치부했다! 지주의 검은 심보를 뚫어 보고 지주의 야만적인 착취를 받을 대로 받은 농민들은 꼭 떠나려고 결심을 했다.

며칠째 아버지는 내처 묵묵부담(默默不談)으로 짚신만 짰다. 사람마나 서너 켤레도 차례질 것이었다.

그러던 하루는 아버지가 운봉 오빠를 서광해에게 떠맡기는 것이었다.

"개학 때 자네 운봉이를 데리고 가서 학교에 붙여주게. 잠자리는 그곳 이진식 씨 댁에 정하면 그 집에서 돌봐줄 걸세. 꼭 부탁이네."

아버지는 부탁과 함께 이진식 씨께 쓴 편지 한 통을 건넸다.

이튿날 아침, 내가 깨어났을 때 오빠는 벌써 보이지 않았다. 아마 남몰래 밤길을 떠난 모양이었다.

도로하에서 탈출

어느 날 밤, 누가 나를 단잠에서 깨웠다. 아버지였다. 나를 깨운 아버지는 다짜고짜 나에게 옷을 입히고 지게 위에 올려 앉히는 것이었다. 지게에는 이미 밥가마(솥)와 이불이 얹혀있었다. 잠을 설때린 나는 잠에 곯아 자고프기만 하고 지게에 오를 생각이 없었는데, 아버지가 억지로 지게에 올려 앉히니 그만 버둥거리며 울음을 터뜨렸다.

"소봉아, 우린 냉큼 이 마을을 떠나야 한다. 안 그러다간 그때 그 도적놈들이 또 와서 너를 잡아 간단다."

어머니의 이 말에 나는 그만 오싹 소름이 끼쳐

정신을 차리고 지게에 올라 아버지의 목을 꼭 끌어안았다. 우리는 밤중에 남몰래 그스름내 그윽하고 벽에 성에가 두터이 낀 헌 집을 떠났다.

문을 나서니 찬 바람이 살을 에는 듯했다. 때는 아마 정월 말이나 2월 초인 듯했다.

그때의 밤중 도망길이 아마 나의 일생 고난의 첫걸음이었을 것이다. 그 고생스런 하루 밤과 하루 낮을 나는 지금도 잊을 수 없다.

마을을 벗어난 다음 우리는 빙설길을 밟으며 서남쪽의 도로하를 건넜다. 고요한 밤의 벌판길이어서 아버지와 어머니의 걸음 소리가 유달리 크게 들리며 멀리서부터 메아리까지 쳐왔다.

아버지와 어머니가 신은 신이 짚신이 아닌 다른 신이었다면 걸음 소리가 더 컸을지도 모른다.

지난 가을에 물이 불어 도로하의 넓이는 50여 미터는 실히 되었으며, 강판 얼음이 몹시 미끄러웠다. 다행히 짚신이 미끄럼을 타지 않아 아버지와 어머니는 순리롭게 얼음판을 지나 어두컴컴한 수풀 속으로 들어섰다. 수풀길에서 우리는 산에 올랐는데, 언 나뭇가지가 나의 야들야들한 얼굴을 마구 할퀴어댔다.

아버지는 앞에서 성큼성큼 빨리 걸었으나, 동생을 업고 뒤따르는 어머니의 걸음은 힘겨웠다. 어머니는 동생을 업고 그 위에 헌 키짝 하나를 덮어 동생에게 바람 가림을 해주었다. 그 키짝은 우리 집 화재 때 남은 유일한 생산도구였다. 어머니는 그 키짝이 아까워서 가지고 떠났는데, 동생의 바람 가림으로 덮고 걸으면 나뭇가지에 걸려 자꾸만 떨어졌다. 그때마다 다시 주워서 덮어야 하는 성화에 어머니의 걸음은 더욱 떠졌다.

산길을 한동안 걷고 수풀을 벗어나니 날이 밝아 왔다. 아마 그새 나는 아버지의 지게 위에서 쪽잠을 잤던 모양이었다. 우리는 수풀가의 바람막이에서 잠깐 쉬었다. 동생은 한사코 울기만 했다. 얼굴이 땀에 젖은 어머니는 눈밭에서 동생의 입에 젖을 물리었다. 그런데 젖이 나오지 않아선지 동생은 젖을 빨면서도 내처 우는 것이었다. 어머니의 얼굴은 창백하고 눈도 못 뜰 지경으로 부어있었다. 한참 젖을 빨린 다음 어머니는 동생의 오줌 기저귀를 갈아주었는데, 찬 바람결이라 동생은 더 째어지게 울었다. 나는 동생이 불쌍해 보였고, 어머니가 고생스러워 보였다.

우리는 다시 걸었다. 버들방천*을 지나면서 보니 양지 쪽의 눈은 녹기 시작하는데, 응달의 두터운 눈은 그대로 얼어있었다. 어머니는 여전히 동생을 업고 뒤에서 걷는데, 그 키짝이 계속 성화였다. 나중엔 아예 그 키짝을 아버지에게 넘겨주고 어머니는 업었던 동생을 앞에 안으며 우는 입을 젖으로 막아주었다. 품에 안기면 등에 업힐 때보다 좀더 따뜻하겠지만 젖가슴을 헤치고 걸어야 하는 어머니는 얼마나 추우랴? 나는 혼자 이렇게 생각했다.

아버지의 지게에 키짝까지 실었으니 나는 내려서

---

*버들방천 : 북한말. 버들이 잇따라 늘어서 자라고 있는 강둑.

걸어야 했다. 버들방천을 벗어나니 바람은 몹시 싸늘했다. 나는 억지로 용기를 돋우며 아버지의 뒤를 바싹 따라 눈길에 빠지며 거의 10리 길을 걸었다. 그담부터는 견디기 어려웠다. 나의 손과 얼굴은 찬 바람에 베인 듯이 아파났으며, 내가 신은 짚신은 해져 발이 드러났고, 신에 배인 눈과 얼음에 시달려 발이 시리고 아프다가 나중엔 감각을 잃었다.

이 모든 것보다 더 성가신 건 나의 짜개바지였다. 그 시절에는 대여섯 살 애들이 모두 사시장철 짜개바지를 입었다. 한데 내가 입은 짜개바지는 화재 뒤에 이웃 변씨네가 준 것으로, 내 몸에 작고 짧아서 발목이 다 드러나는 것이었다. 집에 있을 때는 그런대로 입고 크게 불편을 느껴보지 않았었다. 한데 그런 짜개바지를 입고 엄동설한에 바깥길*을 진종일 걷는다는 것은 한심하기가 그지없었다. 걸음마다 통바람이 사타구니로부터 배꼽과 잔등에까지 활활 스며들어 나는 더 참아낼 수가 없었다. 나

*바깥길 : 북한말. 바깥에 나와있는 길 또는 집을 떠나 멀리 가는 길.

는 애가 타서 울었다. 내 나름으론 아버지가 왜 우리를 이끌어 한겨울 들판길을 걷게 하는지를 도무지 이해할 수 없었다. 나는 더 걸을 수 없어 주저앉아 버렸다. 더는 못 가겠다고 발버둥질을 하며 떼를 부렸다. 내가 떼를 부리자 아버지는 화를 내며 나의 볼기를 쳤다. 나는 너무 억울하여 목놓아 울었다. 울면서 나는 어머니에게 애원했다.

"엄마―, 난 정말 못 걷겠다……."

하지만 아버지와 어머니는 아른 체하지도 않고 가버리는 것이었다. 나는 눈밭에 앉은 채 죽기 내기로 어머니를 불렀다. 끝내는 어머니가 나를 불쌍히 여겨 되돌아오셨다.

"소봉아, 이 벌판에서 얼어 죽자는 거냐? 그렇게 걷지 않다가 그 도적놈들이 쫓아오면 어쩔 셈이냐? 어서 일어나 걸어라."

어머니가 달래며 끄당겨서 나는 할 수 없이 일어나 어머니의 치맛자락을 꼭 쥐고 따라 걸었다. 우리의 걸음은 점점 떠졌다. 한겨울의 낮은 토끼

꼬리처럼 짧다더니, 어느새 땅거미가 찾아들었다. 하루 밤과 하루 낮을 꼬박 걸었다. 그동안 사람 하나, 마을 하나도 만나지 못했다. 우리는 수풀가의 바람막이에 우등불을 피워놓고 밤을 지내야했다.

우리는 우등불을 에둘러 앉았다. 어머니는 우등불 가까이에서 동생의 오줌 기저귀를 갈아주었다. 동생은 또 짓궂게 울어댔다.

젖고 얼고 했던 나의 신이 우등불 옆에서 녹으니 그 속에서 감각을 잃었던 발이 송곳으로 마구 쑤시는 것처럼 아파왔다. 나는 너무 아파서 울었다. 어머니는 동생을 달래다 말고 내 곁으로 다가왔다. 나의 발은 얼어서 딩딩 부어올랐고, 나의 사타구니와 허벅다리는 오줌에 젖어 땅땅하게 언 짜개바지의 짜갯날에 긁히어 성한 곳이 없었다. 어머니는 나를 와락 부둥켜안으며 눈물을 흘리었다. 눈물이 나의 다리에 흘러내리니 나의 다리는 고춧물에 담기는 듯 아려서 견디기 어려웠다. 하

지만 그 측은의 눈물이 나에게는 큰 위안이 되어
주었다. 나는 아픔을 무릅쓰고 눈물을 씻어주며
울음 섞인 목소리로 되려 어머니를 달래었다.

"엄마, 울지마. 난 안 아파. 정말 안 아파. 나도
이젠 안 울어……."

"애두, 이젠 정말 셈이 들었구나. 이젠 과연 학
봉이 누나답지."

어머니는 이렇게 말하며 나를 더 꼭 껴안고 나
와 볼을 부비었다. 우리 둘의 볼은 다 눈물에 젖어
있었다.

나는 어머니를 사랑했다. 어머니가 나를 고와한
다는 것을 알고 있었다. 하지만 아버지만은 몹시
서먹했다. 나의 고통을 알아주기는 고사하고 때리
기까지 한 아버지였다. 그래서 나는 모든 사랑을
어머니에게로 모두었던 것이다. 아픔을 참아내느
라고 입술을 터질 정도로 깨물었다.

"엄마, 난 괜찮아. 학봉일 돌봐줘."

나는 마냥 울고 있는 학봉이가 불쌍하여 어머니

의 품을 헤집고 자리를 옮겨 앉았다. 일부러 아버지를 외면하여 돌아앉았다. 그런데 뜻밖에 등 뒤로부터 아버지의 부드러운 말소리가 들려왔다.

"우리 소봉이 오늘 참 대단했다. 자란 들을 따라 70리 길을 걸었으니 말이다. 장차 크면 꼭 아주 굳셀거야."

아버지는 이렇게 말하며 우등불에 나무를 보태고는 나를 품에 안는 것이었다. 나는 어색하게 안기었다. 아버지는 나의 신을 벗겨 던지고 새 양말과 짚신을 신겨주었다. 여전히 아픈 발이었지만, 아버지가 손수 새 양말, 새 신을 갈아 신겨주니 아픔이 많이 가시는 느낌이었다. 이처럼 어머니도 아버지도 엇바꿔 나를 칭찬하니 아버지에 대한 서슴*도 발과 다리의 아픔도 저절로 물러가고 가슴엔 내가 정말 어른스럽고 굳세고 당당한 누나로 자라났다는 긍지가 벅차올랐다.

밤은 먹칠한 것처럼 새까맣게 어두웠다. 아버

---

*서슴거리다 : 말이나 행동을 선뜻 결정하지 못하고 자꾸 머뭇거리며 망설이다.

지는 우등불에 나뭇가지를 꺾어 넣으며 그 주변에 흙덩이를 모두어 솥후렁을 만들고 거기에 솥을 앉혀 좁쌀죽을 끓였다. 허허벌판에서 맡아보는 좁쌀죽 내음은 유달리 향긋했다. 죽이 다 끓자 어머니는 먼저 죽물을 떠내어 입김으로 불어 식히며 학봉이부터 먹였다. 젖투정으로 내처 울고 있던 학봉이는 죽물을 먹이자 울음을 그쳤다. 그담은 우리도 더운 죽을 훌훌 마셨다. 배에 쌀알이 들어가니 온몸에 따스한 기운이 퍼지는 것이었다.

죽을 먹고 몸에 온기가 퍼지니, 나는 소르르 잠이 왔다. 학봉이를 안은 어머니가 다리를 죽 펴며 허벅다리를 베개로 베고 자라고 했다. 눈시울이 자꾸만 내리 깔려 참을 수 없던 나는 어머니의 다리를 베고 누웠다. 온몸이 나른하게 맥이 풀렸다. 우등불의 불찌* 튀는 소리가 한동안 들리더니 그담은 아무런 소리도 들리지 않았다.

어머니가 나를 깨울 땐 벌써 날이 밝아있었다.

---

*불찌: 북한말. 불티나 불똥.

깨어나 보니 나의 바짓가랑이가 축축했다. '아차, 내가 오줌을……' 금시 이런 생각이 들어 옹조로운데, 힐끗 엿보니 나의 오줌은 어머니의 바지까지 적셔놓은 것이었다. 나는 민망하기 그지 없었다.

마을에선 애들이 이부자리에 오줌을 싸면 이튿날 아침에 애의 머리에 키짝을 씌워 이웃집에 소금 빌러 보내는 풍습이 있었다. 그러면 '오줌싸개'라고 소문이 퍼져 애가 머리를 쳐들지 못하여 후일엔 오줌을 명심하게 된다는 것이다. 나는 아버지와 어머니의 처벌이 어떠할지 몰라 일어나지도 못했고, 머리조차 들 용기가 없었다. 어머니는 피식 웃었다.

"애두, 냉큼 일어나 그 바지를 벗어라. 얼른 말려주마."

어머니도 아버지도 꾸중을 하지 않았다. 나는 얼굴이 홍당무가 되어 어줍게 웃으며 바지를 벗어 어머니에게 주었다. 옆에 있던 아버지가 말없이 바지를 받아 두 손에 펴 들고 우등불에 쬐어 말리었다. 바지에서 김이 피어올랐다. 오줌 지린내가 몹시 역했지만, 아버지와 어머니는 개의치 않는 것이었다.

이날 아침 일찍부터 우리는 길을 떠났다. 이날 길에는 수풀과 수풀 사이에 버들방천이 여러 번 나타났는데, 그 버들방천 지나기가 여간 어려운 것이 아니었다.

앙상한 버들 아치*와 드러나 얽힌 버들 뿌리, 그리고 낫에 베인 버들 밑둥, 이 모든 것을 헤가르며 조심스레 걸으려니 걸음은 축나지를 않고 애만 탔다. 얼었던 내 발은 새 신으로 바꿔 신었지만, 필경은 동상 입은 발이어서 걸을수록 더욱 뼈저리게 아프기만 했다. 정말 한 발자국도 더 딛고프지 않은 마음이었다. 하지만 나는 어제 있은 어머니와 아버지의 치하를 저바릴 수 없어 이를 옥물고 절대 안 운다고 속다짐을 하면서 뼈저린 걸음발을

---

*아치 : '가지'의 사투리(강원, 함경).

옮겼다. 하지만 알지 못하는 사이 나의 얼굴은 땀
과 눈물, 콧물이 어울려 범벅칠갑이 되어 있었다.
이 광경을 본 어머니는 말없이 눈물을 흘리었다.

"얘야, 네 발이 얼마나 아프겠니! 억지로 참지
말고 울고프면 시원히 꽉 울어버려라."

나는 와락 어머니의 치마로 입을 싸 막았다. 울
음소리를 내지 않으려는 나의 이 거동은 도리어
울음소리를 더 크게 폭발시켰다. 나는 아예 소리
내어 크게, 시원하게, 실컷 울었다. 울대로 다 울
고 나니 답답하던 가슴은 십분 후련해지는 것이었
다. 하지만 발의 아픔만은 덜어져주지를 않았다.

이날 오후 해 질 무렵이었다. 우리는 문득 하늘
에서 내려앉은 듯한 오동하촌을 바라볼 수 있었
다. 내 눈엔 펀뜩 정기가 돌았고, 가슴이 높뛰었
다. 바라보이는 마을은 토성이 쌓여있고 포대까지
차려져있는 으리으리한 큰 동네였다. 이윽고 우
리는 마을에 들어 남쪽 큰 늪가의 오두막을 찾아
갔다. 그 집이 바로 오빠를 학교에 보낼 때 기숙집

으로 부탁했던 전주 이씨, 이진식 씨 댁이었다. 그 집도 우리와 마찬가지인 양반가문이란다.

드디어 '집'에 들어섰다. 할머니 한 분이 "아이구, 수고했습니다" 하면서 우리를 맞아주었으며, 젊은 아지미 한 분이 어머니의 등에서 나의 동생 학봉이를 내려 안아주었다. 우리 집 네 식구는 마치 우르르 몰려든 비렁뱅이와 흡사했다.

이진식 씨는 그의 갓 맞아들인 처와 부모 양친과 함께 네 식구가 있었고, 형님 이진영 씨와 그의 딸이 있었는데 그들은 따로 살았다. 이들 일가는 모두 글을 아는 사람들이었다. 이진식 씨는 뒤에 항일투쟁에 참가하였다가 1933년에 적에게 체포되어 옥중에서 살해당했다.

이진식 씨네와 우리 집은 동성동본동조(同姓同本同祖)였다. 그래서 아버지는 그들 형제와 형·아우 하는 처지였다. 그런 관계로 그 댁이 우리를 받아들였던 것이다.

그 집에 들자 어머니와 동생 학봉이가 병에 걸

렸다. 얼굴이 퉁퉁 부은 어머니는 고열로 몸져누웠다. 그날 밤 나는 저녁을 먹자마자 고꾸라져 자버리다보니, 아무 것도 모르고 있었다. 이튿날 깨어나서야 어머니와 동생이 모두 앓는다는 걸 알았다. 인심 후더운 주인집에선 의사 한 분을 청해 어머니와 동생의 병을 봐주게 했다. 그 의사는 어머니와 동생에게 약처방을 내어주고 내 발의 상처에도 약을 발라주었는데, 돈을 한 푼도 받지 않았다. 그때 가난한 조선 사람들은 그렇게 서로 돕고 보살펴주기가 일쑤였다.

그 김씨라는 의사가 연 며칠 찾아와 보아준 덕분에 어머니와 동생의 병이 완쾌되었다. 김 의사와 이진식 씨네의 그 은공을 우리는 영원히 잊지 않을 것이다.

때는 이미 눈녹이* 시절이었다. 문만 나서면 어데나 다 진창이었다. 집에 앉아 밖을 내다보면, 오가는 행인들은 굽 높은 나막신들을 신고 다니는

---

*눈녹이 : '눈석임'의 북한말.

것이었다. 나에게는 짚신밖에 없었다. 그래서 나는 바깥출입을 못 하고 집 안에서 맴돌이쳤다.

어느 날 아버지는 마을 서쪽에서 방 하나를 얻었다며 그리로 이주한다고 했다. 우리는 착한 이씨네 일가와 갈라지기 아쉬웠다. 내 오빠까지 합쳐 우리 다섯 식구는 이씨네에 대한 고마운 마음을 형언할 수 없었다. 오빠와 나는 이진식 씨와 그의 아내를 진심으로 삼촌이라고, 아지미라고 불렀다.

우리 집은 마을 서쪽 시냇가의 단칸 초가집이었는데, 방 안에는 세 사람이 누울 수 있을 작은 온돌과 부엌이 있었다. 우리 집 식구 다섯이 살기에는 비좁았지만, 어머니는 매우 흡족하여 "좋아요, 좋아. 이젠 제집이 있고 오줌 기저귀 널기도 편리하고"라고 했다.

나의 기억에 우리 집 살림이 아무리 어려워도 어머니가 아버지를 원망하는 걸 한번도 본 적이 없다. 어머니는 아버지와 종내 다툰 적도 없었다. 도로하에서 그곳으로 오는 도망길에서도 어머니

는 일언반구의 짜증도 내지 않았다. 그 누구에게
나 진실하고 화애롭고 남을 이해하고 양해함에 버
릇된 어머니가 초라한 단칸방을 두고도 흡족해 하
니, 말없던 아버지가 감개를 터놓는 것이었다.

"당신은 정말 나, 이 남편을 너무도 너그러이
받드는구먼. 당신은 나 때문에 너무 많은 고생
을…… . 그리구 애들도…… ."

아버지의 목소리는 젖어들어 말끝을 흐리우고
마는 것이었다.

얼었던 오동하가 풀렸다. 옹기종기 얼음 떼들
이 밀려 내렸다. 장관이었다. 이즈음 많은 사람들
이 마대를 들고 들판에 나가 무엇인가 주워들이었
다. 오빠와 나도 그네들을 따라가 보았더니, 그들
은 풀밭에서 얼어 죽은 물고기를 줏는* 것이었다.
그 광경을 본 오빠는 나더러 빨리 집에 가서 아버
지에게 기별하라고 했다. 나는 숨가빠 줄달음쳐
집에 왔다. 그런데 아버지는 벌써 얼어 죽은 물고

---

*줏다: '줍다'의 북한말.

기를 지게로 지어 오고 있었다. 아버지가 지어 오는 족족 어머니는 씻어 줄에 걸었다. 말려 저장하려는 것이었다.

죽은 물고기는 살색이 부옇고 먹으면 제 맛이 안 난다. 하지만 그것이 헐벗고 굶주리는 가난한 농민들에겐 하늘의 봉록이고 연명의 미식이었다.

벼 종자를 뿌려놓고는 농민들이 강에 나가 고기를 잡아 끼니를 이었다. 나의 오빠도 절로 낚싯대를 만들어 가지고 일요일이면 늪에 고기잡이를 갔다. 나는 지렁이 통을 들고 오빠를 따라 다녔는데, 고기가 낚일 때마다 기뻐서 손뼉치며 환성을 올렸다. 고아치면* 고기들이 놀라 도망친다고 오빠가 거듭 저지했지만, 그때뿐이지 나의 환성 올리는 버릇은 고쳐지지를 않았다. 오빠는 낚시질 재주가 훌륭했다. 처음에 늪에서 낚시질을 하다가 뒤에는 강에 나갔다. 강물의 고기는 늪의 고기보다 낚기가 어렵지만 강에서는 큰 고기를 잡을 수 있다는

---

*고아치다(고아대다) : 북한말. 큰 소리로 시끄럽게 마구 떠들다.

것이었다. 나는 번마다 오빠를 따라 다녔는데, 옆에 앉아있노라면 소르르 잠들 때가 많았다. 그럴 때마다 깨어나 보면 버들 꿰미에 큰 고기가 여러 마리 꿰어 있었다.

그때 오동하에는 물고기가 많고 여러 가지가 있었는데, 내 기억에는 잉어 외에 붕어·메기·야리·버들치·연어 따위들인데 모두 살찌고 맛 좋은 고기들이었다.

그런데 오래도록 물고기만 먹으니 영양실조로 사람들은 모두 입 안이 헐어났다. 그래서 또 산에 들에 나가 야채를 뜯어다 날것으로, 또는 끓여서 먹었다. 그제야 탈이 나지 않았다.

물고기는 식용에만 쓰이는 것이 아니었다. 고기 기름은 등잔 기름으로도 쓸 수 있어, 집집마다는 물론이고 학교에서까지도 조명용으로 썼다. 그다음 벌판에서 말라 죽은 고기는 땔나무로도 쓸 수 있었다. 모두어 말하자면, 그때 물고기는 농민들의 구명은인(救命恩人)이었다. 농민들이 살아갈 용

기와 희망을 준 것도 물고기였다. 그래서 농민들
은 노래까지 지어 불렀다.

청정 하늘엔 별도 많고
오동하 강물엔 고기가 많네…….

우리 집에서는 논 한 마지기를 소작 맡았다. 씨
붙임을 마치고부터 아버지는 연래진(悅來鎭) 부두
에 가서 운반공 일을 해 살림에 보탰고, 뒤에는 배
에 올라 선부 일을 했다. 그래서 이웃들은 우리 아
버지를 '뱃사공'이라고 불렀다.

아버지가 품팔이로 외지에 떠돌다보니 우리 집
안팎의 모든 일은 어머니 혼자서 도맡아 나섰다.
어머니가 동생을 업고 밭일 나갈 때마다 나는 따
라가서 밭머리에 앉아 동생을 봐주었다. 그러다가
점심때가 되면 밭머리에서 먹는 밥이 늘 별미였고
재미도 있었다. 우리는 날마다 해 뜨면 나가고 해
지면 돌아왔다. 날마다 어머니의 염불도 그친 적

이 없었다. 하느님에게 풍작을 기원했을 것이라고
나는 짐작을 했다.

처음으로 듣고 본 홍군

하루는 와호리산으로부터 빈고(貧苦) 농민들을 구원하려고 홍군이 내려왔다는 소문이 마을에 돌았다.

홍군이란 어떤 사람들일까? 누군가는 홍군을 붉은 모자, 붉은 휘장에 붉은 술로 짜맨 총을 찬 군대라고 신비하게 묘사하기도 했다. 여하튼 사람마다 다 직접 보고 싶어 했다.

때는 이미 서리가 내리고 얼음이 어는 계절이었는데, 어느 하루 우리 집에 낯선 청년 몇이 찾아왔다. 모두 스무남 살 돼 보이며 키 크고 씩씩한 젊은이들이었다. 그 가운데에는 여자가 둘 있었는데, 검은 바지저고리를 입고 머리를 남자처럼 다루어 매우 미끈해 보였다. 나이가 위로 보이는 처녀는 이름이 이추악에 스무 살, 아래 처녀는 원래 성이 이씨인데 이름을 장영화라고 고쳐 부르며 나이는 열여덟이랬다. 남자들 속에는 장세진이라는 사람이 있었는데, 뒤에 안 일이지만 그의 본 이름은 이운건이었다. 이 젊은이들은 우리 집에 찾아와서 식구는 몇이며 가산은 얼마며 학교 다니는 애가 몇이고 안 다니는 애가 몇인가 등 가정정황을 자상하고 친절하게 물어보는 것이었다. 우리집에서 물음을 마친 다음 그들은 다른 집으로 옮겼는데, 집집을 다 에돌았단다.

그 뒤 며칠 지나 아버지와 어머니는 학교의 회의에 불려갔다 왔다. 두 분의 말에 따르면 학교의 회의에서는 장치강(그때 최용건의 이름)이라는 공산주의자가 연설을 했는데, 마을에다 빈농협회 정권을 세운다고 했으며, 아이들을 면비(免費)로 공부시키겠으니 모두들 나이 찬 애들을 학교에 보내랬

단다.

 그 회의가 있은 다음 마을은 들끓었다. 모두들 공산당이 좋다고, 공산당은 가난에 시달리는 백성을 구원해준다고들 기뻐했다. 게다가 면비교육까지 심려(深慮)한다는 데서 더욱 환심을 샀는데, 이로 하여 우리 또래의 어린애들은 더 없이 기뻐 날뛰었다.

 며칠 뒤였다. 어머니가 나에게 공책 두 권을 만들어 주는 것이었다. 그 공책은 낡은 창호지 쪼각*을 모아 밥풀로 붙이고 뒷등을 흰 실로 기워 맨 것이었다. 그리고 두 치쯤 되는 연필 꽁다리 하나를 흰 실로 비끄러매어 나의 목에 걸어주었다.

 "우리 소봉이도 인젠 다 자라서 내일부터는 학교에 공부하러 가게 됐구나……."

 어머니는 말끝을 마무리지** 못한 채 눈시울을 적시며 나의 머리를 어루만지었다.

---

*쪼각 : '조각'의 북한말.
**마무리다 : '마무르다'의 북한말.

손에 공책을 들고 목에 연필을 건 나는 어머니의 말에 이어 "야— 학교간다—" 하고 환성을 올렸다.

"그렇게도 기쁘냐? 엄마가 돈이 없어 우선 창호지로 공책을 매고 네 오빠가 쓰던 연필 꽁다리를 주니 그런대로 아껴 써라. 모자랄지 모르겠다만 가을에 돈이 있으면 꼭 새걸 사주마."

"걱정 마. 학교만 갈 수 있으면 돼. 공책이 모자라면 나 혼자서도 종이쪼박*을 얻어 맬 수 있어."

"애두, 일찍 셈이 드는구나."

어머니도 기뻐했다. 그날 밤, 나는 흥분과 긴장 속에 잠을 이룰 수 없었다. 첫날 공부에 지각할까 봐서였다.

이튿날 나는 일찍 일어나 오빠까지 깨워 아침도 대충 먹고 오빠를 따라 학교로 갔다. 문을 나서서 북쪽으로 보뚝**을 따라가니, 보뚝 남쪽의 언덕 위

---

*종이쪼박 : 북한말. 종이의 작고 얇은 조각.
**보뚝 : '봇둑'의 북한말.

에 널찍한 마당이 있고, 그 마당 한옆에 흙집 두 채가 있었는데, 그것이 학교였다. 오빠의 말에 따르면 하나는 고년급 교실이고, 다른 하나가 소학생 교실이라고 했다. 우리가 그 소학생 교실에 다가갈 때 교실에서는 유연한 노랫소리가 들려왔다.

천팔백칠십년 사월 십일 새 아침에
볼가강변 농가에서 붉은 레닌 태어났네.
일리이친 아버지 마리야는 어머니
별과 같은 꽃송이 그들 품에 자랐네.
노동계급의 귀염둥 자본가의 눈가시
그의 고향 어데냐면 볼가강을 기억하세.
볼가강아 볼가강 사랑스런 볼가강
레닌이 태어나 더더욱 아름답네.
......

나는 걸음을 멈추고 노래에 솔깃했다. 오빠의 말에 따르면 지금 교실에서 레닌주의 아동단원들이 〈레닌 탄생가〉를 부르고 있다는 것인데, 나는 오빠의 말을 알아들을 수 없었다.

"인젠 어서 들어가라."

"나 혼자?"

"겁내지 마. 들어가서 '보고' 하고 소리치면 되는 거다."

"안 돼. 오빠, 같이 들어가서 나 대신 보고해줘."

"애두, 집에서 가르쳐준 대로 '보고, 학생 이소봉입니다!' 하면 되는 건데 집에서는 제법이다가 지금은 왜 못한다는 거지?"

"……."

"졸장부, 그럼 어서 들어가자. 나도 학교 가야지."

나는 시름 놓고 오빠를 따라 교실에 들어섰다. 나는 오빠의 뒤에 숨어서 오빠의 보고를 들었다.

"보고! 김 선생님, 저의 여동생 이소봉, 참, 오늘부턴 이름이 이봉선, 공부하러 왔습니다. 보고 끝!"

오빠의 보고는 오돌찼다.* 나는 오빠가 아주 대단해 보였다. 보고를 마치자 오빠는 나가버렸다.

김 선생님이라는 분은 웃는 낯으로 다가와 나의 머리를 쓰다듬으며 이름이 뭔가고 물었다. 나는 주밋거리며** 이소봉이라고 대답했다.

"좀 크게 말해봐요. 도대체 어느 이름인가요?"

선생님이 이렇게 따져서야 아버지가 고쳐준 새 이름이 떠올랐다.

"예, 아버지가 오늘부터 이봉선, 이렇게 고친댔습니다."

"오, 그래. 이봉선. 저기 저 자리에 앉으시오."

나는 김 선생님이 가리키는 자리에 앉았다. 앞에서 두 번째 줄의 중간, 이칠성이란 남학생의 옆엣자리로, 왼쪽엔 여학생 최봉녀와 이웃했다. 자리에 앉은 나는 내 공책을 책상 위에 내놓았다. 그러면서 곁눈으로 보니 남들의 공책은 거의 다 새

---

*오돌차다 : 북한말. 허술한 데가 없이 매우 야무지고 알차다.
**주밋거리다 : '쭈뼛거리다'의 북한말.

것들이었다. 내 공책을 본 이칠성은 김 선생님이 안 보는 틈에 나의 공책을 땅에 내깔리며 나를 향해 입을 비죽거렸다. 내가 그 공책을 주우려니, 그는 또 발로 밟으며 줍지 못하게 하는 것이었다. 나는 더 없는 수모감에 그만 "으아—" 하고 울음을 터뜨렸다.

나의 느닷없는 울음소리에 선생님이 획 돌아섰다. 그러자 내 이웃인 최봉녀가 벌떡 일어섰다.

"선생님, 이칠성이 이봉선의 공책을 땅에 내깔려 발로 밟고 못 줍게 합니다."

선생님은 낯색을 흐리고 이칠성을 쏘아보다가, 일어서라고 지시했다. 이칠성은 머리를 숙이고 일어섰다. 그 틈에 나는 제꺽 공책을 주워 먼지를 털고 품에 안았다. 책상에 내놓기가 두려웠다.

"이칠성 학생, 왜 남의 공책을 내깔렸어요? 대답해봐요!"

선생님의 노기 어린 물음이었다.

"…… 얘 공책은 낡은 창호지로 맨 건데 어지러

워서……."

"어지럽긴?"

이칠성의 말이 끝나기도 전에 나는 가로챘다.

"이 공책은 어머니가 매준 거야. 어머닌…… 어머닌……."

나는 더 말을 못 하고 또 울었다.

김 선생님은 내 손에서 공책을 받아 들고 교단으로 나가 다시 눈여겨보고는 머리를 들었다.

"학생들, 생각해보세요. 오늘 입학한 이봉선 학생네는 돈이 없어 어머니가 창호지로 책을 매어주었는데, 이칠성 학생이 이 공책을 어지럽다고 내깔렸으니, 그 행실이 옳은 것인가요?"

"틀립니다—."

학생들이 이구동성으로 대답했다.

"그렇다면 어찌해야죠?"

"이칠성이 빌어야 합니다."

"우리 모두 이봉선에게 공책을 좀 지원해줍시다."

학생들 속에서 의논이 분분했다. 김 선생님은 이칠성이 왜 빌어야 하며 이봉선에게 공책은 왜 지원해야 하는가고 따져 물었다.

"그건 우리 무산대중의 후대들은 어려서부터 하나로 뭉쳐 서로 사랑하고 서로 도와야 하기 때문이지요."

석대성이라는 남학생이 이렇게 대답하자 선생님은 "옳습니다. 석대성 학생의 대답은 백점입니다"라고 칭찬했다.

나는 그때 석대성의 말을 다 알아들을 수가 없었다. 하지만 그가 말을 썩 잘한다는 느낌은 오래도록 잊히지 않았다.

김 선생님의 말씀이 끝나자, 학생들은 너도나도 앞 다투어 자기의 여벌 공책을 선생님 앞에 가져다 놓았다.

"그만 됐어요. 당분간은 이만하면 쓰고도 남아요."

선생님은 몹시 기뻐하셨다.

"선생님, 저…… 저도 새 공책 하나 얘한
테……."

이칠성이 새 공책 하나를 선생님 앞에 가져다
놓았는데, 갈 때 올 때 다 나를 힐끗 엿보았다.

"선생님, 칠성이 건 받지 말아요. 그앤 늘 남을
깔봐요!"

누군지 이렇게 제의하니 모두가 그에 일제히 호
응했다. 칠성이는 머리를 싸쥐었다.

"이칠성 학생에겐 확실히 남을 깔보는 나쁜 버
릇이 있었댔어요. 하지만 그건 벌써 지나간 일이
고, 지금 그도 이봉선 학생에게 새 공책을 지원하
는 행실은 잘못을 뉘우치고 앞으로는 꼭 고치겠다
는 실제 행동이 아닐까요? 그렇다면 우리는 배척
하지 말고 이칠성 학생을 환영해야 합니다. 안 그
래요?"

"그렇습니다—."

다수의 학생들이 선생님의 의사를 따랐다.

"오늘 학생들의 표현은 아주 훌륭했어요. 우린

함께 손잡고 서로 아끼고 도와야 해요. 그래야 레닌주의 아동단원다워요."

선생님도 학생들도 모두 기뻐했다. 어느새 나의 위축감도 가뭇없이* 사라져버렸다. 김 선생님의 말씀을 모두 터득할 수는 없었지만, 내 나름에 김 선생님은 몹시 우러러뵈었다. 그리고 주변의 동무들도 정이 있어 나는 온몸이 후더워났다.**

김 선생님은 이름이 김종서. 갓 스물 안팎의 키 큰 총각이었는데, 체육까지 겸직했다. 체육수업 때마다 김 선생님이 새까만 학생복 차림으로 운동장에 척 나서서 우렁찬 목소리로 구령을 부르면, 그야말로 멋지고 위엄했다. 그래서 학생들은 모두 그를 두려워하면서도 존경했다.

학교의 다른 한 선생님은 음악 교원인데, 이름이 이인근(우리 집에 왔던 두 처녀 가운데 하나)이고, 스무 살 미만에 청수(淸秀)하고 얌전하며 엄숙한 처

---

*가뭇없다 : 눈에 띄지 않게 감쪽같다.
**후덥다 : 북한(말)에서는 감정이 절절하고 뜨겁다는 뜻으로 쓰인다.

녀였다. 그는 숙부 장세진을 따라 혁명에 참가했다가, 오동하촌의 공작조로 와서 음악 교원으로 일을 했다. 그의 부친은 땅과 재산을 가진 이운강이었다. 이운강은 동생 이운건과 신앙의 차별로 갈라졌고, 이인근은 숙부 이운건을 따라섰다. 그 뒤 이운건이 이름을 장세진으로 고침에 따라 이인근도 장영화로 고쳤는데, 한때는 장폐산이라고도 불렀다. 그는 주로 최용건을 따라 혁명개척사업에 종사했다.

첫날 공부는 나에게 깊은 인상을 남겨주었다. 수업을 마치고 집에 돌아온 다음, 나는 아버지와 어머니에게 학교에서 있은 일을 이야기했다. 아버지와 어머니도 나 못지않게 기뻐했다. 아버지의 말씀에 따르면, 우리 마을에 공산당이 들어왔다고 학교는 바로 공산당이 챙긴 것이라고 했다. 어머니는 창호지로 맨 공책이 선생님과 학생들을 들썽하게 할 줄은 몰랐다며, 참 좋은 학교라고 감탄했다. 그러고는 공산당이란 뭔가고 물었다. 아버지

는 "공산당이 독립단이지 뭐"라고 자신 없이 대답
하자, 오빠가 말을 받았다.

"그런 게 아니에요. 공산당은 소련에서 온 거예
요. 레닌주의 아동단도 소련에서 온 건데, 공산당
이 영도한대요."

오빠의 말이 옳은지 그른지는 확인할 수 없었
다. 하지만 내가 보기에 그때 오빠의 학식은 이미
아버지와 어머니보다 높은 것 같았다.

그때부터 마을에는 공산당에 대한 의논이 벌어
졌는데, 공산당이 노동계급과 빈고농민의 해방을
위해 투쟁하는 조직이라는 견해가 우세였다.

나는 날마다 유쾌하게 학교에 다니며 학교에 가
서는 아침마다 꼭 〈적기가〉를 높이 불렀다.

......

높이 들어라 붉은 깃발을
그 그늘에서 굳게 맹세해.
비겁한 자야 갈라면 가라.

우리들은 이 깃발을 지키리라!

뒤에야 알았는데, 이 노래는 프랑스 작곡가 코넬이 1889년에 지은 프랑스 민요 〈단풍나무〉의 곡조에 새 가사를 넣어 만든 것이었다.

그리고 아동단 회의 때 흔히 부르는 노래는 〈레닌 탄생가〉와 최용건이 작사한 〈모범학교 교가〉였다. 그 가사는 아래와 같다.

모범학교 소년들아 공부 열심해
사람마다 모범소년 진보해보자.
너도나도 우리 모두 모범소년 되자야.
나도너도 우리 모두 레닌소년 되자야.

모범학교 소년들아 레닌주의 배우자.
레닌소년 되고프면 레닌사상 배워라.
너도나도 우리 모두 레닌사상 배우자.
나도너도 우리 모두 레닌사상 배우자.

과도시기 길소냐 공산주의 멀소냐.

그때 되면 그 사회 인간낙원이란다.

세워가자 세워가자 우리네 사회주의

세워가자 세워가자 우리네 사회주의

철부지이던 나는 공산주의 사상이 싹트고 전파되는 북국 땅의 호매로운 혁명가요 속에 휘말렸고, 학교에 들어가 공산주의 사상을 교육 받으며 갖가지 유익한 행사에 참가했다.

그 뒤 학교는 혁명활동의 중심이 되어 여러 가지 회의들을 모두 학교에서 소집하였다. 아버지와 어머니도 늘 학교에 와서 회의에 참석하거나 야학공부를 했다. 학교에서는 정치와 문화 수업으로 공산주의 사상을 전파했는데, 소련의 시월혁명 및 노동자와 농민이 나라의 주인으로 되었다는 내용은 사람들에게 전도(前途)에 대한 희망과 투쟁의 용기를 주어 몹시 환영받았다. 학교는 또 조선 사람들의 풍속에 따라 명절이나 잔치 모임 때 문예

공연을 조직하여 생활에 활기를 주며 혁명을 선전
했다.

중국 동북지대의 조선족 역사에 대해 기재된 자
료가 많은데, 오동하 일대의 정황을 두고는 아래
와 같은 기록이 있다.

일찍 1927년 여름, 중국공산당은 채평·이춘
만·한우·김리만·최영일 등 조선족 공산당원 간
부를 오동하촌에 파견하여 혁명 선전공작을 하여
여성, 청년, 아동 등 군중성 혁명조직을 세웠고,
군중의 힘으로 라흥학교를 세워 조선족 농민의 자
식들이 공부하게 했다.

1928년, 장치강·이운건 등이 황포군관학교를
나와 중공중앙만주성위의 위탁을 받고 통하에 들
렸다가 오동하로 왔다. 그들의 책임은 삼강지대의
조선족 농촌을 발동하여 혁명활동을 전개하는 것
이었는데, 선차적으로는 군정간부학교와 송동모
범학교, 농민강습소, 농민야학교 등을 세웠다. 군

정간부학교는 연(年) 3기, 매 기(期)에 석 달로 무려 170여 명의 혁명간부를 길러냈다.

농민폭동

　1930년 가을, 지방폭동으로 봉건군벌의 통치를 반대하며 곧 닥쳐올 전국폭동의 승리를 맞이하는 것이 현하 당 총노선의 지도사상이라는 주장에 따라, 오동하촌도 동북 3성, 남만의 연변 등지와 발을 맞춰 농민폭동의 고조를 일으켰다.

　먼저 농민무장을 조직하여 '농민적위대'라고 했는데, 무릇 만 18세 이상인 청장년은 모두 적위대에 참가하여 엽총·양총·토포 따위를 메었다. 임춘만 목수를 앞장세워 온 마을의 목수들이 밤낮을 가리지 않고 날창*을 만들어 부족한 무기를 보

*날창: '대검(帶劍)'의 북한말.

충했고, 아낙네들은 탄띠를 만들었는데, 탄알이
빈 데는 나무토막을 채워 탄알처럼 위장했다. 그
때 농민들의 손안에 돈이 없으니, 농회에서는 집
집마다 쌀을 한 되씩 거두어 그것을 가목사(佳木
斯)시에 가져가 흰 광목으로 바꿔다가 여성들더러
숯검댕으로 회색 물을 들여 적위대원마다 군용품
세 가지를 만들어주게 했는데, 그 세 가지가 탄띠,
멜가방과 각반이었다.

　나의 아버지는 적위대의 분대장이었는데, 토총
을 들고 탄띠를 걸메고 대원들과 돌림보초를 섰
다. 나의 오빠네 또래도 긴장된 활동을 했다. 나는
오빠가 여러 번 등잔기름을 따라 가지고 나가는
걸 보았다. 호기심에 끌린 나는 어느 날 몰래 오빠
의 뒤를 따르다가 오빠에게 들켰다. 그래서 오빠
네의 활동이 더 신비하게 여겨졌다. 오빠에게 들
켜 쫓겨 왔다가 나는 다시 뒤를 밟았는데, 끝내 오
빠의 거점을 발견했다. 그곳은 어두운 빈집인데,
오빠가 거기에 들어 등불을 켜놓고 몽둥이를 열심

히 만드는 것이었다. 후에야 알고보니, 그것은 아동단 소년대의 '무기'였다. 이 무기의 이름은 '홍색아동단원 호신장(護身杖)'으로, 자신 보호와 원수 타격의 무기라고 했다.

이윽고 빈집에서 나오던 오빠는 내가 엿본 걸 알고 화를 냈다.

"넌 이 일 누구한테도 말해선 안 돼!"

"어째서?"

"이건 군사비밀이야. 알겠어?!"

"그런 몽둥이 나도 하나 만들어주렴."

"안 돼. 넌 아직 소년대에 안 들어서 그럴 자격 없어!"

이렇게 으르대며 오빠는 옷섶을 헤쳤는데, 가슴팍에는 붉은 실로 비끄러맨 연필 꽁다리가 걸려있었다. 그것이 바로 홍색아동단원의 표식인 붉은 넥타이라고 오빠는 우쭐댔다.

"오빠, 나도 하나 줘."

"안 돼! 이건 아동단에서 주는 거야. 선서의식

까지 치르고 말이야. 너 선서할 줄 아니? 입학할
때 보고할 줄도 모르면서. 넌 아직 조건이 안 되는
거야!"

오빠는 정말 아는 것이 많기도 했다. 나의 눈에
오빠는 완연 어른으로 보였다.

후에 보니 공청단원들도 그런 '호신장'을 가지
고 있었는데, 그것은 한끝을 쇠띠로 감고 붉은 술
을 짜맨 나무 막대기였다.

그때 아동단원의 임무는 선생님의 지도에 따라
공사(公司)의 호성하(護城河) 밖에서 노는 척하며
공사의 동향을 정탐하고 공사에 드나드는 지주 주
구들의 동정을 조사하는 것이었는데, 중점 감시대
상자는 공사의 박치호라고 부르는 조선인 마름이
었다.

온 마을 군중의 혁명 열성은 아주 높았다. 어린
아이에서부터 노인들까지 동원되어 '복풍공사'와
싸워 농촌 인민정부를 세우려고 준비를 했다.

1930년 겨울, 드디어 오동하 농민폭동이 일어났

다. 그해 재해를 입어 수전(收錢)이 감산됐는데, 공사에서는 모르쇠를 박고 소작료를 징수하면서 수리세요, 조선족 거주세요 하는 따위의 여러 가지 잡세를 내라고 강박했으며, 지어는 농민들이 북대수림에 가서 벌목하던 것조차 엄금해버렸다. 오동하 북쪽 수림의 나무는 농민들 집 재목과 농구 원료의 유일한 내원(來源)이었다. 마름 박치호 등에게 이미 액외의 소작료 몇 해치를 앞당겨 바친 바 있는 농민들인데, 재해가 있었음에도 무력위협까지 들이대는 공사였다. 이에 농민들이 불만을 표시하자, 공사 측은 농민들의 지도자 최용건, 배치운 등을 체포하여 구타하고, 공사 울안의 포대(砲臺) 안에 가두었다. 여러 해 동안 공사의 참혹한 압박과 착취를 받아오던 조선족 농민들은 더 참아낼 수 없었다. 그래서 온 마을의 남녀노소 모두 괭이·낫·도끼·쇠스랑 따위를 무기 삼아 폭동을 일으켰던 것이다. 그때 제기한 구호는 다음과 같다.

1. 감조감식(減租減息)하라!

2. 조선족에 대한 갖가지 불평등의 가렴잡세(苛斂雜稅)를 취소하라!

3. 북대수림의 벌목을 허락하라!

4. 마름에게 바치는 조세를 견결히 반대한다!

5. 견결히 박치호를 몰아내자!

그날 농민 폭동대오는 붉은기와 포스터를 높이 들고 기세 호탕하게 공사를 찾아가 시위를 하고, 이어 공사를 포위했다. 우리 소학생들도 따라가 어른들의 뒤에서 구경하며 응원을 했다. 공사의 대문은 꼭 닫기었고, 포대에서는 자위대가 총질을 하기 시작했다. 폭동군중은 대문으로 몰켜갔다. 우리 아버지와 청장년 여럿이 전봇대 하나를 메어다가 그것을 눕혀 들고 일제히 "하낫, 둘, 셋 —"힘을 모두어 대문을 충격했다. 오래잖아 대문이 헐리고 폭동대오가 공사 울안으로 밀물처럼 들어갔다. 그러고는 마당에서 일제히 〈추수폭동가〉라는 노래를 불렀다. 이 노래는 관내로부터 전해진 것이다.

찬바람 소슬한 가을철마다
농민의 피로 맺힌 농산물들을
지주와 자본가가 빼앗아가니
농민들의 살 길은 폭동길뿐이다.

농민들아 무장 들고 나가 싸우자.
군벌세력 엉겁결에 막지 못한다.
우리 홍군 남정북전(南征北戰) 슬기로우니
반동파들 허겁지겁 도망을 친다.

이 광경에 기겁한 공사당국은 황황망조(遑遑罔
措)하여 대표 한 사람을 내보내 농민들의 요구를
들어주겠다고 했다. 한데 농민들은 그 대표의 말
을 알아듣지 못하겠다고 소리쳤다. 이치로 본다면
조선인 마름인 박치호가 대표로 나서서 조선말로
답변을 해야 마땅했는데, 박치호는 코끝도 내밀지

못했다. 이때 농민 측의 청년대표 배경천이 나서며 공사 측이 답복을 재차 선포할 것과 말로만이 아니고 흰 종이에 검은 글자로 써서 서면으로도 내놔야 한다고 말했다. 공사 측은 황급히 서류를 써 왔고, 쌍방이 그 서류에 손도장을 찍었다. 그래서 포대에 갇혔던 농민대표들이 바로 풀려나와 폭동대열의 앞에 섰다. 목적을 달성한 농민들은 학교 마당으로 돌아와, 그넷대 위에 붉은기를 걸어놓고 성대한 경축대회를 열었다. 폭동을 지휘했던 최귀복이 회장(會場) 질서를 유지하고 배치운이 사회를 보고 최용건이 격조 높은 연설을 하였다. 농민들은 깃발을 흔들며 만세를 외쳤고, 부지중 〈농촌소베트〉라는 노래까지 울려나와 오동하 마을엔 구호 소리, 노래 소리로 메아리치고 승리의 희열이 차넘쳤다.

폐회하고 집에 돌아와서도 모두들 흥분을 억제할 수 없었다. 농민들도 하나로 굳게 뭉쳐 투쟁을 하면 그 힘으로 승리할 수 있다는 도리를 몸소 실행하여 터득했던 것이다.

자료의 기재에 따르면 중공중앙은 1930년 9월의 6기 1중전회에서 '현재 미숙한 조건에서 농민폭동이요, 소베트정권이요 하는 거동은 좌경오류'라고 지적했다. 그러나 이 지시가 하강지대에 전해질 때는 이미 1931년 1월이었다. 그때 남만과 동만지대의 농민폭동은 여전히 상승태세였고, 북만주의 농민폭동은 반년 동안 줄창 이어지다가, 일본영사관이 참여한 군벌의 진압으로 10여 명의 농민과 공산당원이 도살당했다. 적의 피비린 진압은 오동하와 탕원 일대 농민들의 의분을 자아냈다. 워낙 지주와 군벌의 잔혹한 착취와 압박에 원한을 품어오던 농민들인데, 그들의 무력탄압으로 혈육의 목숨까지 잃게 되니 농민들의 반항정서는 누구도 막아낼 수 없는 정도에 이르러 있었다.

1931년 가을, 일본제국주의는 중국에서 '9·18사건'을 조작해냈다. 그해 겨울의 음력설 전후 당

조직은 오동하 모범학교에서 군중단체 간부회의를 소집하여 중앙의 결의정신을 전달했는데, 그 요지는 모든 군중단체가 다 여러 민족 인민을 단결하여 항일구국해야 한다는 것이었다. 회의에서는 조선족 인민이 민족해방의 목표를 실현하려면 반드시 중국공산당의 영도(領導) 아래 기타 민족 인민과 단결하여 싸워야 한다고 특별히 강조했다. 그리고 각 민족 인민의 항일유격투쟁을 발동하기 위하여 회의에서는 항일구국선전대라는 것을 조직해서 순회선전활동을 하기로 결정했는데, '중·조민족단결반일구국(中朝民族團結反日救國)'이라는 구호를 내걸었다.

이 선전대는 보통 규모가 아니었다. 우리 오동하촌에서는 청장년선전대, 노인선전대, 아동선전대 등으로 다섯 팀이 조직되어 청장년팀은 두 갈래로 외지에 나가 돌고, 노인팀과 아동팀은 부근의 마을들을 다니며 선전했다. 공연에 필요한 복장의 일부는 모금한 돈으로 가목사시에 가서 사왔으며, 대부분은 마을의 아낙네들이 자기의 나들이옷, 지어는 새날옷들을 헌납한 것이었다.

선전대의 집체종목은 중국의 '양걸'이라는 춤과 조선춤이었는데, 차려입은 옷들이 중국옷, 조선옷, 학생복 등 가지각색인 데다 '양걸' 춤에는 육지뱃놀이, 꺽다리춤 따위가 있고, 조선춤에는 농악무에 장고춤 등이 있어 인기를 끌었다. 1932년 음력 정초에 학교 마당에서 각 팀의 종목들을 시연했는데, 모두들 열성이 아주 높았다.

선전대마다 내부에 분공(分工)이 있었는데, 어떤 이는 연설을 맡고, 어떤 이는 한문으로 삐라를 쓰고 산포하고, 어떤 이는 노래 부르기를, 어떤 이는 춤추기를 전담하는 것이었다.

그때 많은 지도자들도 화장하고 표연에 참가했었는데, 이를테면 배치운은 조선 상모춤을 추었고 배경천은 긴 머릿태를 기른 여자로 가장해 '양걸' 춤을 췄고, 장흥덕은 일부러 구레나룻을 기르고 괴춤에 큰 대통을 차서 사람들을 웃겼다. 이재덕·

석광신 등은 여학생 차림을 했고, 서광해·김상국·마덕산 등은 연설을 전담했다. 그들은 말재주가 좋고 아는 일이 많았다. 매번 문예종목으로 관객의 정서를 격앙시킬 때면 그들이 나서서 연설을 했다. 그 내용은 이미 17년 동안이나 조선을 침점하고 있는 일본제국주의가 또 중국을 침략하고 있다는 철천의 죄행을 적발하는 한편, 중·조 민족이 단결하여 함께 항일구국할 것과 '반일대동맹회'에 참가할 것을 호소하는 것이었다. 그들의 연설은 열렬한 환영과 호응을 받았다. 내 오빠와 아버지도 선전대에 참가하여 여러 가지 일을 하였다.

외지로 나간 청장년선전대는 먼저 탕원현 경내의 학립진·연강구·태평천·격절하금광, 그다음은 학강탄광, 나북의 압단하·도로하와 의란의 농촌을 에돌며 40여 일의 선전을 했다. 선전과 발동을 거쳐 탕원중심현위 산하의 나북·통하·부금·안방하구 등 4개 현의 7개 구에 반일동맹회를 세웠는데, 회원이 무려 사오천 명에 달했다. 주변의 한족 농민들도 조선족의 항일욕망과 행동을 이해하기 시작하여 감정이 상통되며, 단결을 강화했다. 그때 탕원현의 태평천·격절하·흑금하·학강·압단하 등지에서는 한족들 속에서도 건당사업을 추진했다. 그래서 한족과 조선족의 군중 골간들이 중국공산당에 가입했는데, 이 당원들과 당조직들이 그 뒤 항일대오 건설에 중요한 구실을 하였다.

'9·18 사변' 뒤 만주성위는 "각급 당조직들은 항일무장을 적극 건립하며 각 방면의 역량을 연합하여 일본 침략자를 타격해야 한다"고 지시했다.

오동하 유역의 광대한 농촌들은 지주, 군벌 및 일본제국주의의 이간(離間)과 객관 조건의 제약을 받아 그때까지도 무장항일의 사상과 행동이 이해도 접수도 되지 않고 있었다. 게다가 역사가 남긴 민족 간의 간격이 심해 항일무장의 조직사업에 곤란과 곡절이 많았다.

최용건은 성위의 지시에 따라 요하·보청 등지

에 항일무장을 세우려고 오동하를 떠났다. 그다음
은 이춘만을 수반으로, 배치운·김상국·이운건·
서광해를 위원으로 한 탕원현위가 탕원 항일무장
을 조직하고자 어려운 환경 속에서 많은 일을 하
였다.

홍수가 농민의 피땀을 삼키다

1932년 가을, 오동하 양쪽 기슭의 농사는 풍작임에 틀림없었다. 농민들은 집집마다 가을걷이 준비를 서둘렀다. 그런데 바로 이때 하늘이 무정하여 오동하 양쪽 기슭에 연속 열흘 동안 큰비를 억수로 퍼부었다. 그래서 오동하·도로하·포압하와 송화강에 홍수가 범람하며 풍년벌을 삼키려고 했다. 안달이 난 농민들은 밤낮 논판을 지키며 제방을 올려 쌓았다. 하지만 너무 억척스레 덮쳐드는 홍수여서, 도저히 막아낼 수가 없었다.

우리 집은 마을 남쪽의 늪가에 자리 잡고 있었는데, 그날 부모님과 오빠는 논에 나가고 나와 세 살

난 동생 학봉이만 남아 있었지만, 왕년의 경험으로 미루어 큰물이 오래잖아 물러갈 것으로 알았기에 울안으로 물이 밀려들기 시작해서도 나는 겁을 내지 않았다. 그런데 내 나름과는 달리, 물이 물러가기는 고사하고 점심결부터는 광풍에 우뢰소리 드렁거리며 소낙비가 억수로 쏟아져, 울안으로 송화강의 밀물이 출렁이더니 끝내는 쏴 하고 집안에 들어오는 것이었다. 나는 동생을 데리고 집 안에서 맴돌아치며 겁에 질려 아우성을 쳤다.

때마침 부모님과 오빠가 돌아와서 먼저 나와 동생을 지붕 위에 올려놓고 우리 집의 세간살이인 밥가마, 이불과 키짝을 건져냈으며, 아버지께서 허리를 넘는 물속을 허우적거리며 통나무 몇 개를 주워 뗏목을 장만했다. 그래서 우리 다섯 식구는 뗏목을 집으로 의지하는 수상생활을 시작했다.

폭풍우 속에서 우리는 뗏목을 학교 쪽으로 저어 갔다. 도중에 우리는 홍수 속에서 부모와 처를 구원하고 있는 리진식 씨를 만나 그들 네 식구까지 우리 뗏목에 오르게 하였다. 아버지와 오빠는 내려서 뗏목을 떠밀었다. 우리가 학교에 이르렀을 때는 학교 마당의 물도 허벅다리에 오르도록 깊었다. 마을에서 제일 높은 곳에 자리한 학교는 유일의 피난소였다. 마을의 청장년들이 총동원되어 학교 주변의 제방을 수축했고, 애어미와 노인, 어린 것들은 모두 교실에 비집고 들었으며, 미처 들지 못한 사람들은 마당의 둔덕 위에 멍석을 깔고 몰켜 앉아 물을 피했다.

배치운·이운건·채평·최귀복 등 어른들이 '단결분투하여 제방을 수축하고 민중의 생명안전을 확보하자'라는 표어를 써서 그넷대 위에 높이 걸어놓고 '물막이 투쟁'을 지휘했다. 빈농협회의 조직과 지휘를 좇아 청장년들은 흙을 파고 그것을 가마니에 담아 쌓아올렸으며, 어린 학생들은 선생님의 지도 아래 음료수를 날라주고 어린애를 살펴주는 등의 심부름을 하였다. 온 마을 사람들은 하나로 뭉치어 홍수와 싸웠다.

각일각 더 기승을 부리는 홍수는 여기저기에서 제방을 뚫어댔다. 그때마다 농민들은 아우성치며 기를 쓰고 땜질을 하였다. 이처럼 긴급한 때에 남쪽 수면에 흰 윤선 한 척이 나타났다.

"아! 윤선! 구명선이다—!"

사람들은 흥분을 억제할 수 없어 풍풍 뛰며 환성을 올렸다. 배치운 등 지도자들도 그 윤선이 구원해주리라고 확신했다.

"여러분, 절대 헤덤비지 말고 1, 2, 3촌의 순서대로 줄을 짓고 노인네와 어린애들이 먼저 오를 수 있도록 준비하고 있으십시오!"

지도자가 이렇게 호소하자 농민들은 일손을 멈추고 저마다의 가장집물을 수습하고, 애어미들은 제집 애를 찾느라고 모두들 야단법석이었다. 흰 윤선은 점점 접근하여 곧 학교에 와 닿을 듯했다. 조바심으로 가슴 조이는 사람들은 배에 막 날아오르고픈 심정이었다. 한데 윤선은 스르륵 머리를 돌려 동으로 가더니 복풍공사 앞에 가서 멈춰서는 것이었다. 농민들의 가슴은 사정없이 무너져내리며 쓰라리기 그지없었다. 복풍공사의 지주네와 병졸 수십 명이 크고 작은 궤짝들을 메고 들고 벌떼처럼 배에 올랐고, 나중에는 그들이 기르는 셰퍼드까지 오르는 것을 농민들은 멀리서 지켜보았다. 그 흰 윤선은 뒷꽁무니에 사품치는 흰 거품을 싸뱉으며 절망에 이른 농민들을 외면하고 매정하게 가버렸다.

사경에 처한 농민들을 구할 생각도 하지 않고 가버리는 지주, 군벌들의 천벌 받을 고약한 소행에 농민들은 부득부득 이를 갈며 가슴을 찢었다.

"지주놈들을 때려죽이자!"

"군벌놈들을 잡아치우자!"

농민들은 주먹을 내두르며 통분을 내뿜었다.

삶의 길을 열어가기 위하여 이춘만·배치운 두 분이 선후로 나서서 눈앞의 사실로 착취배들의 추악한 본성을 까발가놓으며, 힘을 모두어 홍수를 이기고 향후 만악의 사회를 뒤집어엎어야 한다고 호소했다.

마을의 농가는 모두 물에 밀려가버렸다. 앞을 내다보면 어데나 다 물천지였다. 농민들에게 있던 몇 척의 쪽배와 뗏목 몇 개로는 사품치는 송화강을 도저히 건널 수 없었다. 농민들의 앞에는 먼 곳에 버티고 서서 악전고투하며 홍수가 지나기를 기다리는 한길밖에 없었다.

뒤에 안 일이지만, 그 홍수에 죽은 사람이 백에 가깝고 가축의 손실은 부지기수였다.

피난길에서

홍수에 갇혀있던 우리는 20여 일 만에야 풀려날 수 있었다. 하지만 살아갈 길이 막막했다.

이춘만·배치운 등 간부들은 여러 군중단체 책임자와 골간분자들의 회의를 소집하여 대책을 연구하고, 이어 군중대회를 열었다. 촌 지도부를 대표하여 이춘만이 지도부의 결의를 선포했다. 당면한 급선무는 촌민들의 생명 안전과 생활배치를 도모하는 것이었다. 모든 농사가 전폐당한 상황에서 살아가려면 타향으로 피난 가는 길밖에 없었다. 그래서 친척이나 친구가 외지에 있는 사람들은 그리로 보내기로 하고, 거기에 가서도 당지의 항일구국조직에 적극 참여하여 항일구국사업에 공헌하라고 부탁했다.

회의 뒤 모두들 친척, 친구가 있는 안방하, 탕원 신촌, 나북 압단하, 탕원 격절하, 탕원의 태평천 등지로 뿔뿔이 떠나갔다. 친척도 친구도 없는 우리는 부금현 제5구 안방하 지대로 가는 난민팀에 편입되었다.

우리 난민팀에는 30여 호 100여 세대가 망라되었는데, 먼저 목선으로 송화강을 건너 남안의 연래진이라는 곳에 들려 부두와 거리에서 며칠 노숙하며 걸식했다. 일부 장기환자는 길바닥에서 사망하고 기진맥진한 사람들은 그냥 남아있기로 하여, 나머지 사람들만 다시 길을 떠났다. 병자와 약자가 많아 행진의 속도는 느리었다.

소가전이라는 곳의 옥수수 밭에 이르자 모두들 발길을 멈추었다. 굶주림에 시달리던 사람들이 요깃거리를 만났던 것이다. 사람들은 와락 덥쳐들어 옥수수며 메주콩이며 마구 따서 미친 듯이 먹었다. 이 요란한 광경은 오래잖아 발각되었다. 지주는 무장한 병졸을 파견해 난민을 포위하고 손해배상을 하라고 위협했다. 촌민 몇이 나서서 사정을 얘기한다는 것이 중국말이 짧아 의사소통이 안되고 도리어 얻어맞기만 했다. 그러자 워낙 지주에게 사무친 원한을 품고있는 농민들인데, 피난길에서까지 욕먹고 매를 맞으니, 그 분개는 더 이를데 없었다. 난민들은 일제히 주먹을 부르쥐고 덤벼들었다. 무장한 병졸들은 총을 받쳐 들고 막 쏘려고 했다. 천균일발(千鈞一髮)의 엄연한 시각이었다. 이때 장재중이라는 분과 우리 아버지가 선뜻나서며 우선 노기등등한 농민들을 막아섰다. 중국어에 숙달한 장재중 씨는 피난민들의 딱한 사정을 지주에게 알리며 연 며칠 입에 풀칠도 못했던 사람들이니 양해를 하라고 얘기했다. 보아하니 우선은 손해배상을 받아낼 가망이 없고, 게다가 막다른 골목에 처한 난민들을 더 위협하다간 수습 못할 후과(後果)를 빚어낼 것 같아 지주도 어차피 선심 쓰는 척하며 물러갔다. 우리는 한차례의 유혈 충돌을 모면하고 이튿날 그 소가전이란 고장을 떠났다.

안방하

거의 달포 되는 굶주림의 피난길이었다. 우리는 끝내 안방하구(安邦河區)의 하동촌(지금의 쌍압산시 집현현)이라는 마을에 이르렀다. 전에는 초전자툰*이라고도 불렀다는 하동촌은 중국인과 조선인이 어울려 사는 마을이었는데, 이 고장의 땅 임자는 중국인 매설당이었다. 지주에 한의(漢醫)를 겸한 매설당은 처남 장진봉을 파견하여 일꾼 둘을 거느리고 땅과 방산을 관리하게 했다.

하동촌에 오자, 우리는 뜻밖에도 도로하에서 이웃으로 살았던 변씨네를 만났다. 도로하에서 우리

*툰(屯): 마을. 마을 이름에 많이 쓰임.

집에 지주 마름놈이 불을 질러 화재를 입었을 때 변씨네가 우리를 자기 집에 거처하게 했었다. 우리 어머니는 변씨네 집에서 동생을 낳으셨고, 내가 그 한겨울에 도망칠 때 입었던 짜개바지도 변씨네가 준 것이었다. 변씨네 일가는 아주 착한 사람들이며, 우리 가족에는 은혜가 두터웠다.

이제 막다른 골목에서 그 은인들을 만나게 되니 아버지와 어머니는 너무 뜻밖이며 반가워서 눈물까지 흘리었다. 역시 우리 가족이 도망치던 그해에 여기로 왔다는 변씨네는 우리 일가의 기구한 형편을 개의치 않고 매우 반가워하며 우선 자기 집에 발을 붙이라고 제의했다. 아버지와 어머니는 미안하여 사양을 했다. 하지만 변씨 부인이 무작정 우리의 짐을 들고 가는 바람에 우리는 그 집으로 갔다. 변씨네는 우리를 무던한 집안이라고 칭찬했고, 우리 일가는 변씨네가 무한히 고마웠다.

변씨네 집은 오두막집인데, 남쪽에 부뚜막을 쌓고, 북쪽에 길다란 구들이 놓여있었다. 그 구들 위에 아버지께서 수숫대를 엮어 간벽을 세우고, 변씨네 일가와 방을 나눴으며, 원래의 부뚜막 곁에 부뚜막 하나를 더 만들어 제때에 맞게 때식을 끓일 수 있게 했다. 이리하여 우리는 야외의 노숙생활을 마치고 비바람을 안 맞는 보금자리가 있게 되었다.

변씨네 부부에게는 아들 하나와 딸 둘이 있었는데, 맏이가 일곱 살, 막내는 돌도 차지 않았었다. 그들 부부는 다 30세 안팎인데, 작은 키에 단단한 몸으로 부지런하고 일솜씨도 좋아 깐지게 살림을 꾸리고 있었다. 그들은 중국어를 썩 잘했다. 그들의 부모는 일찍 경상도에서 중국으로 왔었단다.

그날은 음력 8월 중순의 어느 하루였다. 중천에 둥근 달이 뜬 데다가 서리까지 내려 밤하늘이 몹시 밝았다. 우리를 맞아들인 변씨네는 좁쌀에 입쌀을 섞어 밥을 짓고 호박국을 끓여 저녁상을 차려주었다. 이처럼 따뜻하고, 맛 좋은 음식을 오랫동안 구경조차 못 해본 우리였다. 내 동생은 거듭 맛있다고 외웠다. 나도 걸탐스레 양껏 먹었다. 모두들 기뻐했다. 달포 넘도록 들판에서 허덕이다 문득 아늑한 집안에서 맛 좋은 음식을 포식하고 나니, 어쩐지 온몸이 나른해지고 취하면서 졸려 견디기가 어려웠다. 그래서 나는 어느 결에 잠들어버렸다.

이튿날 아침식사를 하고 아버지는 삯일을 찾으러 나갔다. 가을걷이가 한창이어서 품팔이로 돈을 벌 수 있었던 것이다. 아버지를 보내고 어머니는 변씨 부인에게 밭에 나가 무잎 따위를 주울 수 없느냐고 물었다. 무잎 같은 것들은 죽에 넣어 끓여 먹을 수 있었던 것이다. 변씨 부인은 어머니더러 우선 한 이틀 푹 쉬고보자고 말렸지만, 어머니는 나와 내 동생을 데리고 나서며 기어이 가자고 졸랐다. 변씨 부인의 말에 따르면 멀지 않은 곳에 중국인 매 경리네 텃밭이 있는데, 거기에 가면 호박을 주워 올 수 있다는 것이었다. 이 말에 어머니는 더 애가 달아 빨리 가자고 변씨 부인을 끄잡아 당겼다. 할 수 없이 변씨 부인은 막내를 업고 두 애를 이끌고 우리 집 세 식구와 함께 매 경리네 텃밭을 찾아 떠났다. 매설당 지주네 울 밖에 이르러 보니 토담 안에 벽돌집이 있었다. 그때 사람들의 눈에 벽돌집은 엄청난 고급주택이었다. 텃밭은 버들 배자를 둘렀는데, 대문 어구*를 거쳐야 그리로 갈 수 있었다. 우리가 범접하자 울안에서는 큰 개 두 마리가 나서며 왕왕 짖어댔다. 우리 몇 애들은 질겁하여 아우성을 쳤다. 때마침 한 중년 사나이가 나와서 개를 말리고 웃으면서 우리더러 겁내지 말라고 했다.

대문 어구를 지나 텃밭에 이르러 보니 거기에는 큼직큼직한 호박들이 즐비하게 널려있었다. 이미 서리를 맞았지만 먹을 수는 있는 것들이었다. 어머니는 의아하여 변씨 부인에게 물었다.

"아니, 이렇게 좋은 호박인데, 함부로 가져가도 괜찮아요?"

"염려 마세요. 매씨 지주는 시내에 살면서 여기

'어구 : '어귀'의 북한말.

에는 마름 영감 둘을 집지기로 두고있는데, 이런 호박 같은 건 그 사람들이 거들떠보지도 않는 거예요."

변씨 부인의 말을 듣고 어머니는 더없이 기뻐했다. 이 호박들이 우리 재해민들의 눈에는 먹을 수 없는 금덩이보다도 더 진귀했기 때문이다.

그날부터 우리는 연 며칠 그 호박들을 집으로 날라왔으며, 밤이면 그것을 썰어 호박편, 호박오가리로 만들어 집 안팎에 널어 말리었다. 그 호박들은 우리 식구들의 목숨을 살려준 보물이었다고 해도 지나친 말이 아니다. 그것으로 우리는 그해 한겨울부터 이듬해 봄까지 살아나갈 수 있었던 것이다. 한겨울에는 어머니와 오빠가 논밭에 나가 쥐굴을 파서 굴속의 벼이삭을 주워다가 절구에 찧어 싸래기를 얻을 수 있었는데, 그 싸래기에 남새를 섞으면 주먹밥이나 남새죽을 끓여 먹을 수 있었다. 그리고 남새밭에서 배춧잎 따위를 주워다가 시래기 김치도 담가 반찬으로 먹을 수 있었다.

그야말로 하늘이 무너져도 솟아날 구멍이 있다더니, 우리 일가는 굶어 죽지 않았을 뿐만 아니라, 예상 밖으로 괜찮게 겨울을 살아왔다.

양아버지를 정하다

안방하 일대로 온 이재민들은 다시 항일구국활동을 시작했다. 나의 아버지와 장재중, 임춘식 등이 중심으로 조선족이 거주하는 마을들의 촌민을 몇 개 조로 나누어 조장을 배치하고 정기적으로 회의를 소집하여, 사업을 연구 포치(布置)했다.

우리 아동단도 윤석창·이운봉·이귀학 등을 수반으로 하여 입동(入冬)하면 선전활동을 전개하려고 저녁마다 모여서 문화학습을 하는 한편, 하루 건너 한 번씩 문예프로 연습을 했다.

어느 날, 내가 울안에서 노래 연습을 하고있는데, 남색 장삼을 입고 머리에 빨간 꼭지 달린 모자를 쓴 후리후리하고 키 큰 중국인이 옆에 서서 웃으며 구경하는 것이었다. 그는 바로 우리가 처음 호박주이 가던 날, 나와서 짖는 개를 말리던 그 중년 사나이였다. 그는 이 고장 지주 매설당의 처남인데, 이름이 장진봉이고, 집은 요녕성 우가장이라는 곳에 있었다. 그의 식구들은 모두 거기에 있고, 그 혼자만 여기로 와서 자형의 마름노릇을 했다. 그래서 농민들은 그를 장 경리라고 불렀다. 이 무렵은 햇곡이 나오기 전이어서 진종일 용무 없는 그는 자주 나와 우리의 노래와 춤을 구경했다. 그러구러 우리는 서로 낯이 익었으며, 그에 대한 우리의 인상은 괜찮았다.

어느 하루는 반나절이나 우리의 연습을 구경하던 장진봉이 우리가 연습을 마치고 헤어질 때 느닷없이 나를 안아 저의 어깨 위에 올려 앉히며 나를 저의 양딸로 삼겠다는 것이었다.

생각도 못했던 일이라 나는 내려놓으라고 버둥거렸다. 하지만 장 경리는 성큼성큼 우리 집으로 바로 와서 내가 귀엽다며 양딸로 삼겠으니 변씨 부인더러 우리 집 부모님께 소개해달라고 부탁하는 것이었다. 나는 겨우 장 경리의 손에서 빠져나와 어머니 곁에 다가서며 양딸 되기를 반대했다.

"난 얘가 귀여워 양딸로 삼으려는 것입니다. 워낙 내게도 딸 하나가 있었는데, 작년에 병으로 죽어버렸지요. 그런데 얘가 그 애를 몹시 닮아서 더 마음이 끌리니 꼭 성사시켜 주십시오."

장 경리는 변씨 부인에게 통사정을 들이댔다.

"아유, 그렇다면야 이게 얼마나 좋은 일이라구요? 소봉아, 그렇게 해라. 장 경리의 양딸로 되는 건 네가 타고난 복분인가 부다."

변씨 부인은 기꺼이 맞장구를 쳤다.

하지만 나는 굳이 반대했다. 이에 실망한 장 경리는 "이런, 낭패라구야" 하면서 불쾌하게 가버렸다.

장 경리가 간 뒤, 변씨 부인은 나에게 반대하는 이유가 뭐냐고 물었다. 나는 장 경리가 지주의 마

름이므로 좋은 사람이 아니며 나중에 또 우리 식
량을 모두 빼앗아갈 나쁜 놈들이기 때문이라고 대
답했다. 나의 대답에 변씨 부인도 어머니도 다 껄
껄 웃었다.

"얜 여직 그해 일을 잊지 않고있는 거예요. 애
아지미, 이런 말을 장 경리에겐 절대 하지 마세요.
여하튼 저 장 경리라는 사람은 도로하의 지주들과
는 좀 다른 것 같아요. 그렇게 못되진 않잖아요?"

어머니가 이렇게 소견을 얘기하자, 변씨 부인도
동감을 표시했다. 기실은 내가 받은 인상도 나쁘
지는 않았다.

며칠 뒤 장 경리는 또 찾아왔다. 우리가 연습을
마치자 그는 또 나를 안아 올려 목마 태우며, 왜
양딸 되기를 반대하느냐고 물었다.

"중국인들은 딸을 팔아먹는대서 무서워요."

"팔아먹어? 아니야. 난 절대 안 팔아. 내 담보
할게."

"지주네는 우리 식량을 빼앗아 가는 나쁜……."

나도 모르게 이런 말을 내뱉다 말고 가슴이 덜 컹하여 입을 다물었다. 하지만 장 경리는 개의치 않고 상감*적으로 말을 받았다.

"내가 무슨 지주겠니? 너희들과 마찬가지로 내게는 땅 한 치도 없단다."

이때 우리 아버지와 윤성걸 등 몇 아저씨들이 우리와 마주쳤다.

"장 경리, 애는 아직 철부지니까 허튼 소리를 해두 개의치 마십시오."

아버지가 이렇게 말을 건네자 장 경리는 "천만에"라고 말을 받았다. 한데 윤성걸 아저씨가 사실을 까발가놓았다.

"기실 애 말은 사실이요. 그해 도로하의 지주가 식량을 강탈한 일을 우리는 잊을 수 없소."

"예, 저도 알고 있습니다. 기실은 나도 농사꾼입니다. 집에 있을 땐 나도 지주에게 매를 맞고 식량을 빼앗겨보았습니다."

---

*상감(想感) : 북한말. 생각과 느낌을 아울러 이르는 말.

여기까지 말한 장 경리는 주위를 휙 둘러보고는 말머리를 돌렸다.

"난 얘가 정말 귀엽습니다. 볼수록 내 딸과 신통하게 닮았다니깐요. 걔가 살아있으면 올해 열한 살……."

장 경리는 목소리를 적시며 말끝을 흐리었다. 이에 나의 아버지랑은 장 경리더러 딸애 생각에 너무 상심하지 말라고 위안하면서 나를 양딸이 되도록 타이르겠다고 말했다. 장 경리는 나를 땅에 내려놓으며 내 이마에 뽀뽀하고, 애석하게 자리를 떴다.

장 경리를 보내고는 아버지랑 모두 정말 나에게 양딸이 되라고 권고하는 것이었다. 우선 장 경리가 나쁜 사람이 아니라는 것, 그다음 그를 양아버지로 삼으면 그를 통해 지주의 내막을 알 수 있으니 우리에게 유리하다는 것이었다. 어른들의 권유에 나는 원래의 거리낌을 없애고 양딸이 되겠다고 응낙했다.

이튿날, 장 경리는 만면춘풍(滿面春風)으로 찾아

왔다.

"하하, 내 양딸아, 어서 양아버지라고 불러봐!"

"예, 양아버지, 이 딸의 절을 받으세요."

나는 변씨 부인이 가르쳐준 대로 이렇게 말하며 큰절을 올리었다.

"오냐 오냐, 귀여운 것아, 어서 일어나거라."

장 경리는 너무 기뻐서 나를 얼싸안아 목마 태우고 양걸춤 추듯이 우쭐거리며 마을 서쪽으로부터 동쪽 끝까지 가서 나에게 계란 한 광주리를 사주고 자기 집으로 돌아가서는 검은 겹저고리 하나를 나에게 주었는데, 내가 입어보니 아랫깃이 나의 무릎을 지나게 큰 것이었다. 뒤에 나의 어머니는 그 겹저고리를 뜯어 저고리 두 개를 만들어 나와 나의 동생에게 입히었다. 하나로 둘을 만들다 보니 천이 모자라서, 동생의 저고리 소매의 뒷 쪼박은 변씨 부인이 준 남색 천 쪼박을 이어 넣었다. 어쨌든 새 저고리를 입은 나와 동생은 기쁘기만 했다.

양아버지를 삼았으니 우리 집에서는 그에 따른 인사를 해야 했다. 그래서 변씨 부인이 막걸리를 선사하고 어머니께서 조선 음식을 갖추어 장 경리를 한 끼 청했다. 초라한 음식이었지만 모두들 맛있게 먹었다. 나는 내 꼬마 동무들과 함께 〈소무목양(蘇武牧羊)〉이라는 노래를 불렀다.

소무 변치 않았다.

빙설 흥노땅 19년 동안

헐벗고 북해에서 양을 몰았다.

가슴 속에 한나라 못 잊어

고생 속에 마음을 철석으로 다졌다.

밤이면 피리소리 가슴 저렸다.

삭풍에 기러기 남으로 나니

어머니도 처자도 기다리겠지.

행여나 꿈에서 서로 만나랴?

바다가 마르고 돌이 썩어도

변절 없이 한나라 위엄 지키리.

나의 양아버지 장진봉은 노래를 듣다 말고 따라 부르며 상감의 눈물까지 흘리었다.

"지금 우리 동북 3성은 왜놈들이 삼키고 있으니 소무의 시절보다 더 처참하지요."

윤성걸 아저씨가 이렇게 개탄하며 〈9·18 사변 가〉를 부르자고 제의했다.

그래서 우리는 그 노래를 합창했다.

구월 십팔일 가슴 아픈 날

만악한 왜놈이 동삼성(東三省) 삼켰다.

대포 쏘고 비행기로 폭격을 하여

산과 들에 무고민중 피가 흐른다.

여기까지 듣던 장진봉은 "아니, 너희들 꼬맹이들도 애국항일 한다는 거냐?" 하고 묻는 것이었다. 우리는 계속 노래를 불렀다.

동포들의 투쟁은 동정 받거니

드팀없이 혁명을 떠밀어 가자.

총과 대포 두렴 없이 함께 싸우자.

왜적을 몰아내고 태평 누리자.

"이거 참 대단하구나. 너희들 어데서 배웠느냐? 기특하다, 기특해. 또 아는 노래 있니?"

장진봉은 감탄했다. 우리는 항일의 노래를 연속 몇 곡 이어댔다. 장진봉은 매우 기뻐했다.

그날부터 장진봉은 자주 와서 우리의 노래 연습을 구경했으며, 하루는 나를 공사의 숙소로 데리고 가서 손수 밥을 짓고 잉어 한 마리까지 지져 주었다. 나는 맛있게 먹으면서 윤성걸 아저씨의 부탁이 떠올라 공사에 총이 있는가를 눈여겨보았다. 겉에 보이는 것은 없었다.

"양아버지, 여기 총이 있어요?"

"뭣이? 총이라니?"

장진봉은 나의 물음에 흠칠* 놀라며 나에게 되

---

*흠칠 : 북한말. 몸을 반사적으로 움직이며 갑자기 놀라 떠는 모양.

물었다.

"네가 총은 왜 묻는 거냐?"

"이건 비밀이에요!"

"비밀? 네게도 비밀이 있다구?"

장진봉은 껄껄 웃었다.

"윤성걸 아저씨가 알아보라고 한 거예요. 양아
버지도 이 비밀을 꼭 지켜야 해요, 예?"

장진봉은 또 웃었다.

"허허, 그래, 내 비밀을 지키겠다만, 네가 아저
씨한테 내 말을 전해라. 여기는 총이 없다구 말이
다."

그날 장진봉의 숙소로부터 돌아온 나는 아버지
와 윤성걸 아저씨, 그리고 임씨 목수에게 여차여
차했다고 고스란히 얘기했다. 그러자 어른들은 모
두 얼어붙은 듯 어안이 벙벙해 하였다.

"계집애두, 어찌 그런 말을 다 했니?!"

아버지의 나지막하나 엄숙한 꾸지람이다.

"왜요? 양아버지도 우리처럼 좋은 사람이랬잖

아요?"

　"됐다 됐어. 이담부턴 조심해야 돼! 말이라는
건 아무한테나 함부로 하는 게 아니야. 알겠니?"

　알다니? 나는 알 수 없었다. 우린 누구도 더 입
을 열지 않았다.

생일날

　나의 기억에 내가 여덟 살 되던 해의 음력 동짓
달 초닷샛날이었다. 가을걷이로부터 탈곡이 끝날
때까지 집에 들지 않으시던 아버지께서 오랜만에
돌아오셔서 우리는 기분이 몹시 좋았다. 돌아오는
길에서 얼음 구멍을 빼어 물고기 몇 마리도 잡아
가지고……. 아버지는 일가지존(一家之尊)이다. 아
버지가 안 계시면 우리는 늘 속이 언짢았다.
　저녁상에는 어머니가 물고기와 고추를 넣고 된
장찌개를 끓여 올렸다. 주식은 마냥 호박밥인데,
호박에 쌀알을 약간 섞어 지은 것이다. 아버지가
집에 계시기만 하면 아버지의 몸을 돌보아 밥을

뜰 때 먼저 쌀알 많은 부분을 떠 드리고 그다음 나머지를 양푼에 담아 우리 모두가 달라붙어 우벼 먹게 하는 어머니였다. 그러니 아버지가 돌아오신 날의 저녁상이라 예전처럼 아버지의 전용 놋공기에 쌀알 많은 밥을 담을 것이었다. 장기적으로 놋그릇에 음식을 담아 먹으면 몸이 튼튼해진다면서 어머니가 보물처럼 여기며 간직해온 우리 집 유일의 놋그릇이었다. 그 놋그릇에 어머니가 쌀알 많은 밥을 떠놓자 나는 그 밥을 아버지 앞에 놓아드리고 된장찌개도 상에 올려놓았다. 물고기를 넣은 된장찌개는 향기가 코를 찌르며 입에 군침이 돌게 했다. 상을 다 차리고는 어머니의 기도를 기다려야 했다. 어머니는 부엌일을 마치고 상머리에 오셨다. 한데 기도 드리기에 앞서 어머니는 아버지 앞에 있는 놋그릇의 밥을 나의 앞으로 옮겨 놓는 것이었다. 이 이상한 거동에 나는 물론이고, 오빠도 영문을 몰라 어머니와 아버지를 번갈아 보는 것이었다. 아버지는 말없이 빙그레 웃기만 했다.

어머니는 태연하게 기도를 드렸다. 나는 앉아 배길 수 없었다.

"엄마, 이게 웬일이세요?"

"애야, 오늘은 네 생일이란다. 그래서 아버지도 일부러 오신 게다."

"그래요?"

나는 뜻밖의 기쁨에 손뼉을 쳤다.

"기구한 살림이라 쥐굴에서 파온 싸래기밖에 없으니, 여느 때 아버지께 드리던 밥을 오늘만은 소봉이한테……."

어머니는 목소리가 젖어 말끝을 마무리 못하고 눈물을 흘렸으며, 말 없는 아버지도 두 눈에 가득 눈물을 머금고 있었다.

"엄마, 이 밥을 아버지께 드리자요. 난 싫어요."

가난한 집 애들은 일찍 셈이 든다고 그때 겨우 여덟 살인 나였지만, 나는 어머니의 고심을 잘 알고 있는 터였다. 사시장철 고된 일을 하시는 아버

지는 입술이 갈라 터지고 손은 나무뿌리처럼 거칠
었다. 온 집안의 기둥인 아버지가 튼튼해야 집안
에 시름이 적을 것이다. 그래서 어머니는 늘 아버
지께 되도록 잘 대접해야 한다고 가르치시었다.
평소에 그렇게 습관된 우리는 아버지의 밥그릇을
탐낸 적도 없었으며, 마음속으로 그 밥은 으레 아
버지의 몫이라고 확인했다.

　한데 오늘만은 그 밥이 내 앞에 차려지고 내가
그것을 싫다고 하니 철부지 내 동생이 안달했다.

　"엄마, 나도 생일 쇨래. 누나 안 먹겠다는데, 그
밥 내 먹자."

　"학봉아, 그럼 못쓴다. 이제 네가 네 살 생일 쇨
때 엄마가 맛있는 거 해줄게."

　"아니야, 난 오늘 생일 쇨래."

　내 동생은 울면서 떼질이다. 나는 그것이 가긍
(可矜)하여 우스개를 했다.

　"그래도 돼. 오늘 생일은 네가 쇠구 명년 네 생
일 땐 내가 쇠자꾸나."

내 말에 어머니도 아버지도 모두 웃었다. 결국은 어머니가 나와 동생에게 절반씩 나누어 먹게했다. 나는 오빠에게도 맛이나 보라고 권했다. 오빠는 조금도 손대지 않았다.

쥐굴에서 파온 쌀이어서 밥에서는 이상한 냄새가 났다. 그러나 호박만 먹기보다는 몇 갑절 맛있었다.

"참 맛있다. 난 날마다 생일 쉴란다……."

울다가 웃으면 부끄럽다는 것도 모르고 동생은 싱글벙글한다. 게다가 물고기 든 된장찌개가 반찬이었으니, 별미가 아닐 수 없었다. 온 집안이 함께 즐기는 내 생일날이었다.

내가 처음 쉰 그 생일날을 나는 영원히 잊을 수 없다. 그 뒤는 살림이 쪼들리는 데다가 내 동생과 어머니가 잇달아 세상을 뜨다보니 그 누구의 생일도 쇠어보지를 못했다. 참군(參軍)해서부터는 전투에 동분서주하느라 생일 쉴 여가가 없었고, 광복 뒤에는 사업이 분망한 것뿐만 아니라 모택동

주석이 간부에게 생일잔치를 차리지 말라고 호소하신 데 발을 맞추고자 생일을 쇠지 않았다. 그래서 여덟 살 때의 그 생일날이 있은 뒤 내 나이 70이 되도록 생일을 쇠지 않았고, 내 남편 진뢰 씨도 75세 뒤에야 자식들의 성화에 못 이겨 집에서 간단한 음식을 차려 생일을 쇠었다.

병마에 동생을 앗기다

1932년의 한겨울, 이재민인 우리는 날마다 먹을 것이 있고 따뜻한 방도 있어 괜찮게 살고 있었다. 방이 비좁기는 해도 도로하에 있을 때 화재를 입은 뒤에 들었던 서리 차고 굴내 풍기는 그 단칸집에 비기면 호강이었다. 배불리 먹고 따뜻하게 잘 수 있는 것이 아이들에게는 행복이었다. 나와 내 동생은 그 겨울철에 살이 찌고 키가 컸다. 그래서 어머니와 아버지도 기뻐하시며 늘 옛날의 고생살이를 얘기하며 그 시절을 잊지 말라고 당부를 했다. 그때의 일들을 너무 거듭 얘기해서 우리는 그 역사를 한 마디도 빼지 않고 외워댈 수 있을 정도였다.

그해 설에는 농민협회의 보살핌으로 이재민들도 시루떡을 해 먹을 수 있었으며, 놀이 모임과 문예 공연도 있어 즐겁게 잘 놀았다.

설 지나 며칠 뒤 내 동생 학봉이가 갑자기 병에 걸렸다. 열이 높으며 혼수상태에까지 이르게 되었는데 우리 모두는 영문을 몰라 애를 태웠다. 학봉이의 얼굴에 붉은 점이 돋아나서야 어머니는 그것이 홍역이라면서 비방을 얻어다 썼다. 그랬더니 붉은 반점이 더 많이 돋아났는데, 그건 좋은 징조란다. 한데 그날 밤, 동생은 갈증이 심하여 저 혼자 일어나 물독의 냉수를 기껏 마셨단다. 어머니가 깨어났을 때는 동생이 이미 냉수를 마신 뒤였다. 일이 잘못된 것이다. 어머니는 너무 애가 타서 어쩔 바를 몰랐다. 날이 밝자 애 얼굴의 반점이 붉은 색에서 회색으로 변했다. 그 뒤 며칠 어머니는 날마다 눈물을 흘리며 무진 애를 써 동생을 조리(調理)했고 좋다는 방법은 다 해보았다. 하지만 닷

새 뒤 내 동생은 숨을 거두고 말았다.

어머니는 애달프게 통곡을 했다.

"아유, 하느님이시여, 우리 애들은 일찍 하느님께 보고했다는 걸 잊으셨나이까……."

이건 우리 팔에 찍어놓은 기호를 두고 하신 말이다. 그 기호가 소용없다는 말인가? 하느님이 어쩌면 그 화재 속에서 태어난 어린 것을 데려간단 말인가? 평생을 고이 하느님만 믿어오던 어머니는 처음으로 하느님을 의심하게 되었다.

나는 내 동생을 더없이 귀여워했다. 동생의 태어남은 온 집안의 기쁨이었고 나는 날마다 그 애와 함께 놀았다. 내 동생은 남달리 총명하고 영리하여 더욱 귀여웠다. 수재 뒤 피난길에서 동생이 걷지 못하면 내가 업어주었는데, 그는 내 등에 업혀서는 말을 탄 장군이라고 호령을 하여 모두를 웃겼다. 그래서 동생을 업고 걷기가 마치 재미있는 놀이와 같아 나도 즐거웠다.

그러던 동생을 병마에 앗기우니 나도 너무 서러

워 눈이 붓고, 목이 쉬도록 울었다.

아버지는 얼굴을 흐리우고 가마니에 동생을 싸 가지고 나갔다. 나는 아버지의 손에 매달려 동생을 부르며 못 가게 했다. 아버지의 억센 힘을 감당해낼 수 없던 나는 나를 뿌리치고 떠나가는 아버지가 무정하게 보였다.

후에 오빠에게서 들은 말에 따르면, 그때 아버지는 안방하의 버들골에 동생을 묻었단다. 나는 그래도 행여나 동생이 살아서 돌아오지나 않을까 하고 날마다 기다렸다.

지금까지도 내 눈에는 사랑스럽고 깜찍한 동생의 모습이 선히 떠오르며 나를 아름다운 회억과 무한한 아쉬움에 갈마들게 한다.

어머니도 병으로
세상을 뜨셨다

동생이 죽은 그해의 여름이었다. 어머니는 날마
다 새벽밥을 먹은 뒤면 점심을 싸들고 나가 저물
때까지 남의 집 삯김을 매주는 고된 일을 했다.

하루는 오후에 폭우가 내렸는데, 어머니는 들에
서 일을 하다가 피할 곳이 없어서 함뿍 비를 맞았
다. 집에 돌아온 어머니는 몸이 안 좋다고 하며 누
웠는데, 고열이 나며 운신조차 못하게 되었다. 그
렇게 사흘이 지나자 어머니의 가슴팍 아래로 붉은
반점이 돋아나는 것이 동생의 병과 흡사했다. 나
흘 만에 붉은 반점이 회색으로 변하고, 어머니의
얼굴이 혈색을 거두었다. 엿새 되는 날, 어머니는

겨우 숨을 모두어 쉬며 맥을 발리더니 "소봉아, 난……" 하고 말 한 마디도 다 하지 못한 채 숨을 거두었다.

이는 온 집안의 티 없는 고통이었다. 나도, 오빠도 울고, 아버지마저 울었다. 나는 그때 아버지가 우시는 것을 처음 보았다.

어머니가 세상 뜨신 그날은 1933년 음력 5월 스무하루였다.

워낙에 건장하시던 어머니가 갑자기 병사하시니 마을 사람들이 모두 뜻밖이라면서 나의 어머니는 부지런하고, 재치있는 데다 야무진 살림꾼이며, 마음이 어질고 입이 무거운 좋은 분이었다고 치하를 했다. 그래서 모두들 아쉬워하며 열심히 뒷일을 곁들어주었다. 아버지와 임 목수가 널빤지와 못을 얻어다가 크지 않은 관 하나를 짜서 어머니를 남산의 강가툰 묘지에 묻었다. 그해 어머니는 겨우 마흔세 살로, 아버지보다 세 살 위였다.

그즈음 촌에는 여러 가지 전염병이 돌아 거의

한 주일이 멀다고 할 정도로 사람이 죽었는데, 이 귀학의 어머니와 아버지도 우리 어머니가 가신 뒤 잇달아 세상을 떴다. 가난과 병마가 함께 덮쳐 목숨을 앗아가는 역경 속에서 살아가기란 어렵기가 그지없었다.

어머니의 장례를 마치고 돌아오니, 집안이 텅 빈 것 같으며 가슴이 쓰라렸다. 온돌 위엔 그 화재에서 건져낸 누덕이불이 그냥 포개져 있었다. 평생 새 옷 한 벌 입어보시지 못한 어머니는, 저승에 가면서까지 누덕이불 한 채마저 남겨두고 가시었다. 나는 너무 설움이 북받쳐 울음을 터뜨렸다. 아버지와 오빠는 묵묵히 박여 서서 소리 없이 눈물을 흘리었다.

이날 저녁밥은 한 집에 사는 장운학 씨의 부인 조길화 아지미와 여동생 장경신이 지어주었다.

그날 밤, 자리에서 들었으나 나는 가슴이 쓰라려 잠을 이룰 수 없었다. 곧추 반듯이 누워 계시는 아버지도 잠을 못 이루고 계신 것이 틀림없었다.

"아버지, 내일부턴 제가 때식*을 끓이겠어요."

나는 조용히 아버지께 얘기했다. 했더니 이운봉 오빠도 자지 않고 있다가 내 말에 반박했다.

"네가 뭘 알게? 때식은 내 맡으마."

"걱정들 말어. 내가 하마."

아버지의 말소리는 떨리었다.

나는 아버지를 위안하고 여자의 의무를 수행해 야겠다고 마음먹었다. 나는 나이 아홉 살이면 셈 이 다 들었다고 여겼다.

"아버지, 안심하세요. 제 나이 아홉 살이며 여 자애니까, 엄마 하던 세간살이 제가 다 맡을게 요."

"아직은 안 돼. 더 크면 몰라두."

"왜 안 돼요? 아버지와 오빠는 마음 놓고 밭일 하세요. 집안일은 제가 다 하겠어요."

"오냐, 오냐, 어서 자거라."

아버지는 동의한 셈이고, 오빠는 반응이 없었

---

*때식: '끼니'의 북한말.

다. 어느새 잠들었던 것이다. 나는 아버지의 귀에
대고 새벽닭이 첫 홰를 칠 때 깨워달라고 조용히
부탁했다. 그때 우리에게는 시계라는 것이 없었
다. 새벽부터 해 뜨기 전의 시간은 닭의 홰소리에
따랐다. 첫 홰가 새벽 두 시, 두 번째 홰가 세 시
쯤이고, 세 번째 홰면 날이 밝았다.

　이튿날부터 가사의 중책을 떠멜 생각을 하니 흥
분과 긴장으로 가슴이 높뛰어, 나는 오래도록 잠
을 못 이루었다. 그러다가 언제쯤 잠들었는지, 나
는 귓전을 때리는 닭의 홰소리에 깜짝 놀라 깨어
났다. 눈을 떠보니 날이 밝지 않은 때였다. 아버지
와 오빠는 달게 자고 있었다. 나는 살그머니 일어
나 정주로 더듬어 갔다. 그런데, 정주에 인기척이
있었다. 나는 혹시 어머니가 아닐까 싶어 숨을 죽
이고 동정을 살폈다. 그런데 저쪽에서 성냥을 그
어 불을 지필 때에야 보니 그는 조반 준비를 하는
조길화 아지미였다.

　그 집 정주는 우리 정주와 이삼 미터 상거해 있

었다. 평소에 두 집은 늘 거의 동시에 때식을 끓였었다.

조 아지미가 아궁이에 불을 지핀 다음 나는 그 불을 빌어 우리 아궁에 불을 달았다. 성냥 한 가치를 아끼기 위해서였다. 이날 쌀을 일고 밥을 안치고 밥물을 가늠하기까지는 모두 조 아지미가 차근차근 가르쳐주었다. 나의 일생에 처음으로 짓는 조반은 이렇게 성공했다. 나는 가사중책에 첫발을 내딛었다.

아버지와 오빠가 일어나자 나는 조 아지미의 가르침으로 첫 조반 밥짓기에 성공한 경과를 보고했다. 아버지는 기꺼이 조 아지미에게 고마운 마음을 표시했다. 조 아지미는 도리어 나를 총명, 영리해서 배워주면 금방 해내는 훌륭한 제자라고 칭찬했다.

아버지와 오빠가 점심밥을 싸 가지고 들에 나간 다음, 나는 아버지의 적삼 하나를 강가에 가서 빨았다. 그런데 때가 지지를 않았다. 그때는 비누

한 조각 살 돈도 없어서 빨랫감을 잿물*에 불구었다가 방망이로 두드려 빨았다. 나는 그런 방법으로 안간힘을 써도 때벗이가 되지를 않아 솥에 넣고 한참 끓이다가 다시 방망이질을 반나절이나 했다. 과연 젖 먹던 힘까지 다 들여서야 겨우 적삼 하나 빨아냈는데, 그것마저 남의 빨래와 비겨보니 잘 빤 것이 아니었다. 나는 가사를 감당한다는 것이 쉬운 일이 아니라는 것을 몸소 알아차렸다.

하루는 아버지가 점심을 집에 돌아와 잡숫겠다고 일렀다. 오랜만에 점심식사를 같이하게 된다는 기쁨에서 나는 되도록 맛있게 갖추려고 일찍부터 서두르며 어머니의 행주치마를 둘렀다. 너무 길어서 발등을 덮지만, 잘라버리기 아쉬워서 그대로 썼다. 먼저 아궁이에 불을 지펴놓고 불이 핀 다음 부뚜막에 기어올라 솥에 쌀을 앉히고 조 아지미가 가르친 대로 밥물을 정확하게 손가락 가늠했다. 그런데 홀연 아랫도리가 후끈해났다. 나는 불

---

*잿물 : 나무나 풀의 재를 불군 물.

길한 예감이 들어 훌쩍 뛰어내렸다. 아궁이 불이 나의 행주치마에 달렸던 것이다. 불길은 위로 활활 타올랐다. 나는 너무 겁에 질려 어찌할 바를 몰라, 두 손으로 마구 불을 치며 고함을 질렀다. 때마침 쌀을 일고 있던 조길화 아지미가 달려와 양푼의 물과 쌀을 나의 몸에 확 뿌렸다. 나는 머리로부터 발치까지 온몸이 물과 좁쌀투성가 되었다. 그 몰골은 괴상망측했을 것이다. 조 아지미 덕분에 불은 꺼졌지만 나는 왼쪽 다리가 몹시 아픔을 느꼈다. 장딴지가 불에 데어서 살색이 검붉게 되었는데, 살이 깊이 데었다며 조 아지미는 장독에서 된장 한 줌을 쥐어다 상처에 발라주었다. 만약 그때 조 아지미가 없었다면 어떻게 되었을지 짐작하기 어려웠다. 그래서 나도 조 아지미도 다 속이 섬찍했다. 어머니의 행주치마는 불에 타서 반동강이 되어버렸다.

"차라리 잘 됐구나. 아랫자락을 가하게 잘라버리면 네게 맞춤하겠다. 속담에 '대난불사 필유후

복(大難不死 必有後福)'이랬듯이 네겐 외려 화가 복이 될 게다."

조 아지미는 농조로 나를 달랬다.

아랫자락을 잘리운 어머니의 행주치마는 그날부터 나의 행주치마가 되었다. 그 따닥따닥 깁고 기운 행주치마는 내가 집을 떠나는 마지막 날까지 나를 동반했다. 내 화상은 염증이 생겨 다 아물기까지 몇 달 동안 나를 괴롭혔다. 왼쪽 다리의 흉터를 볼 때마다 나는 그 쓰라리던 어린 시절을 회억하게 된다.

우리 집은 논밭의 둔턱진 곳에 뙈약밭을 일구어, 옥수수와 남새를 조금씩 심었다. 하루는 나와 장경신, 조길화 아지미가 그 채마밭에 가서 버들광주리에 남새를 뜯어 담았다. 그런 다음, 부들잎으로 다발을 만들어 머리 위에 놓고, 조 아지미가 남새 광주리를 그 위에 올려주어 내가 이게 하였다. 머리에 짐을 이어보기가 난생처음인 나는 긴장하여 두 손으로 광주리를 꼭 쥐었는데, 그래도 마음이 놓이지를 않았다. 조 아지미랑은 광주리에 손을 대지도 않고, 활개 치며 늠름하게 걷고 있었다. 나는 그들의 재주가 부러웠으며, 무능한 자신이 한스러웠다.

우리가 강변에 이르자 평소에 늘 건너다니던 나무다리, 통나무 두 개를 가지런히 놓은 그 나무다리가 오늘만은 나의 가슴을 활랑거리게 했다. 조 아지미랑은 서슴없이 건너갔다. 나는 가슴이 떨렸다. 광주리에 신경을 쓰면 발이 말썽이요, 발에 조심하면 광주리가 뒤흔들리었다. 이러지도 저러지도 못할 지경이니, 가슴은 각일각 더 높뛰고 사지가 떨리며 눈이 가물거리는데, 다리 중간에 이르러 흐르는 강물을 내려다보니 마치 물은 서 있고, 다리가 물 위를 흐르는 것 같아 나는 아차 실수로 발을 빗딛고 비명을 지르며 강물에 풍덩 빠져버렸다.

다행히 작은 강이고 물이 깊지 않아, 조 아지미랑이 나를 건져내고 인공호흡으로 삼킨 물을 토해

내게 했다. 그들이 애쓴 끝에 정신을 차리게 된 나는 영문 모를 설움이 북받쳐 울었다. 조 아지미랑은 나를 달래며, 자신들의 광주리에서 남새를 덜어 주어 점심밥을 짓게 했다.

그날 밤, 나는 고열을 내며 헛소리까지 했단다.

병마에 시달리다

강물에 빠졌던 날 밤부터 연속 며칠 동안, 나는
고열로 온몸에 기력이 없고 밥맛이 사라지며 잠조
차 잘 수 없었다. 흐리터분한 정신으로 눈을 감으
면, 앞에는 어머니가 나타나기도 했다. 나는 놀랍
고 기쁘면서 한편 겁도 났다. 조 아지미는 나를 조
리하면서 잠시 들에 나갈 때면 냉수 한 바가지를
떠서 내 손 닿는 곳에 놓아 갈증날 때 마시게 하
고, 긴 막대기 한끝에 헝겊 오래기*를 매어주며 급
한 일이 생기면 그 막대기를 휘둘러 기별하라고
했다.

---

*오래기: '오라기'의 북한말.

하루는 조 아지미가 들로 나간 다음, 소르르 잠이 들었는데, 잠결에 누군가 다가오고 있음을 느꼈다. 나는 또 어머니로 느껴졌다.

"엄마, 엄마, 난 엄마 얼마나 그리웠는지 몰라요……."

"어유, 또 헛소리, 얘가 안 되겠군."

말하는 이는 어머니가 아니었다. 이어 또 누군가가 오는 기척이었다. 나는 알아볼 수 없었으며 목이 너무 갈려 말도 더 할 수 없었다.

"별 수 없어요. 이래도 저래도 안 되니 그 방법이라도 한번 해보자요."

누군가 이렇게 제의했다. 누구도 아무런 의사도 표시하지 않았다. 하지만 누군가는 나의 바지를 벗겼으며, 무엇으로 나의 항문을 쿡 찌르는 것이었다. 나는 온몸이 꿈틀했다. 크게 아프지는 않았다.

뒤에야 안 일이지만, 그때 모인 사람들은 조 아지미가 불러온 임 목수의 부인 감병선 어머니와 김태우 어머니 등 여러 이웃 아낙네들이었는데, 마지막 수단으로 민간요법을 써보러 모여왔던 것이다. 그 민간요법이라는 건 마댓바늘로 항문의 정맥혈관을 찔러 썩은 피를 힘껏 짜낸 뒤 그 자리에 화약(엽총알에서 쏟아낸 것)을 바르고 솜뭉치로 틀어막는 것이었다.

그때 그 수술을 하면서 누군가는 나의 혈관이 굳어진 것으로 보아 이미 늦은 것 같다고 했고, 나의 병은 수토병(水土病)이라고 했다.

그런데 천만 뜻밖으로, 그토록 졸렬한 민간요법이 기사회생의 효력을 내어 열이 내리고 정신이 들며 입맛이 돌아섰다. 그래서 양껏 밥을 먹으니 기력이 회복되어 일어날 수 있게 되었다.

아버지는 날마다 회의에 나다니다 보니 나를 돌볼 겨를이 없었다. 오빠는 농한기를 타서 강북에 나가 흙벽돌을 만드는 데 여념이 없었다. 왕해툰 앞의 강변에 집을 지을 준비사업이었다. 8월에 안방하의 물이 줄자 오빠와 아버지는 임 목수와 어울러 집을 지었고, 이귀복네도 토막을 하나 지었다. 그동안 수토병에서 요행 살아난 나는 이질에도 걸려 시름시름 앓기만 하다가 11월에 새집으로 이사할 때에야 병이 나았다. 어머니가 세상 뜨신 뒤 긴긴 다섯 달 동안이나 병마와 박투(搏鬪)를 했던 것이다.

연락소를 세우다

조직에서는 왕해툰에 탕원중심현위와 연계할 수 있는 연락소를 세우기로 결정했다. 왕해툰은 강북으로부터 오가는 중심지점이었다. 그리고 조직에서는 우리 아버지 이석원과 임춘식, 이귀복 세 집을 왕해툰에 이주시키기로 결정했다. 왕해툰에 가까운 안방하 북안에 황초지와 늪이 있어 논을 풀 수 있었다. 그래서 우리 세 집은 타작이 끝나자 왕해툰으로 이사했다.

어느 날 밤, 탕원현으로부터 이춘만 · 김상국 · 장태화 · 윤성걸 · 박영선 · 배순희 · 장도진 · 조영자 · 진병조 · 장영화 등 여러 분들이 육속(陸續) 찾아왔다. 그들은 탕원현위에서 안방하 구역에 파견한 공작조 성원들이었다. 그들은 왕해툰에서 이틀 동안 회의를 하고 각 촌으로 내려갔다. 이춘만·이인근·박영선은 양수림촌(협심자 북쪽)으로, 윤성걸·배순희·진병조는 초전자촌으로, 김상국은 하몽림 마가자촌으로, 장태화는 합달밀하툰으로……

그때 이춘만이 안방하구 구위서기 겸 선전부장을, 김상국이 군사책임을, 박영선이 여성연합회 주임을 맡았다.

구·현위서기(區·縣委書記) 역임자 명단

제1임 구위서기: 장재종

제2임 구위서기: 이춘만

제3임 구위서기: 이석원(겸 조직위)

제4임 구위서기: 임춘식

제1임 현위서기: 이춘만

제2임 현위서기: 장도진

제3임 현위서기: 왕영창(대리)

제4임 현위서기: 류충민

공작조가 내려와서부터는 인민무장대오 조직을 다그쳐서 모두들 바쁘게 움직였다. 우리 아버지 이석원은 각 지의 여러 가지 행사에 참여하느라고 가정생활을 돌볼 겨를이 없었다.

황해툰으로 이주하던 해 농사는 잘 되었지만 빚이 너무 많아, 소작료와 빚을 갚고 나니 남는 것은 종자벼와 뙤약 남새밭에서 거둔 몇십 근의 옥수수, 메주콩뿐이었다.

내 오빠도 늘 문예출연, 정찰활동 등으로 밖에서 떠돌아 나 혼자만 집을 지키고 있어야 했다. 그래도 임춘식의 부인 감병선 어머니가 집에 있는 덕에 우리는 서로 보살필 수 있었다.

어느 하루는 오빠가 집에 돌아왔는데, 집에 식량이 거덜난 것을 보더니 안방하 구비진 곳의 풀밭에 차꼬를 놓고, 죽은 쥐를 미끼로 달아 족제비를 꼭 잡을 것이라고 장담을 하는 것이었다.

이튿날 이른 아침에 오빠를 따라가보았다. 아니나 다를까 족제비가 그것도 하나가 아니라 둘이나 치이어 있었던 것이다. 우리는 매우 기뻤다. 나는 또 오빠가 대단하게 우러러보였다. 오빠는 족제비 한 마리는 팔아서 좁쌀을 사오고, 다른 한 마리는 팔아서 권총이나 총의 부속품을 사겠다고 했다. 나는 '총을 사서는 소용이 뭔가'라고 하면서, 차라리 오빠의 신이나 한 켤레 사라고 했다.

오빠는 소가전에 장터가 있는데, 거기에 가면 족제비를 팔 수 있댔다. 우리는 족제비 두 마리를 들고 매짠 서북풍을 헤가르며 장에 찾아갔다. 길을 사이에 두고 양켠에 식량, 산화와 잡품들을 줄느런히 내어놓고 팔거니 사거니 떠들썩하였다. 오빠는 좁쌀 파는 사람과 흥정을 하여 족제비 한 마리로 좁쌀 60여 근을 바꿔 가졌다.

그날 저녁, 우리 둘은 좁쌀로 밥 한 솥을 지어 아주 맛있게 포식했다.

며칠 뒤 오빠는 무슨 부속품들을 가지고 왔는
데, 총을 만드는 데 쓰는 것이라고 했다. 나는 그
것이 족제비와 바꿔 온 것이리라 짐작했다. 오빠
와 이귀학이랑은 총을 만들기 시작했다. "총을 만
들어 어데다 쓰려는가" 하고 내가 묻자, 그들은
비밀이랬다. 혹시 사냥총으로 쓰려는 게 아니냐고
내가 재차 물으니 이귀학이 말을 받아 앞잡이를
사냥하는 데 쓴다고 말했다.

"오, 알겠어. 나쁜 놈을 잡는 게지?"

내가 이렇게 말하자 오빠는 나를 쏘아보며 으르
댔다.

"더 묻지마! 알겠니!"

그해 한겨울은 사고도 병고도 없이 무사했다.
나는 몸이 좋아지며 식욕이 부쩍 늘어 많이 먹었
다. 좁쌀 주머니가 줄어듦에 따라 나는 오빠가 또
와서 족제비 잡기를 간절히 기다렸다.

안방하유격대 실패 전후

탕원현위의 지시에 따라 안방하구의 당조직은 반일유격대를 창건할 계획을 세우고, 물자를 모집하여 총을 사들이는 활동을 전개했다.

1933년 겨울, 현위에서는 이춘만, 김정국, 장태화 등을 공작조로 부금현의 안방하에 파견하여 유격대를 세우게 했다. 그들은 모집한 식량으로, 독일제 여덟 발 박이 권총 한 자루를 사 가지고 집현현의 지주며 한간(漢奸)인 이해라는 자의 자위단 무기를 노획하려고 준비했다.

그들은 먼저 김정국, 장태화 등을 시켜 이해에게 입쌀 한 차를 실어다 선물하며 그와 결의형제를 맺었다. 그다음 1934년 정월 열엿샛날, 군사책임자 김정국과 구위서기 이춘만을 비롯한 일곱 사람이 결의형제 만남이라는 명분으로 술, 담배며 과자 따위를 사들고 자위단에 찾아갔고, 밖에다 장현정(원명 장재영)이 거느린 소년대원과 청년단원 20여 명을 대기시켰다. 안에 들어간 일곱 사람이 이해를 붙잡고 밖에 암호를 보내기만 하면 내외결합으로 자위단의 무기를 빼앗은 다음, 자위단의 말을 타고 완달산에 가서 칠성봉 위에 후방 밀영(密營)을 앉히고, 완달산 일대를 근거지로 하여 항일투쟁을 한다는 전략이었다.

계획만은 그럴듯했고, 멀리까지 내다본 생각이었다. 하지만 안에 들어간 일곱 사람이 이해를 만나 담소하는 과정에 경험 부족으로 비밀이 탄로되는 바람에 적들이 먼저 손을 써서 김정국 외의 여섯 사람이 즉석에서 살해당했다. 그들은 이춘만·진영춘·장태화·이춘달·김봉서·이춘성이었다. 김정국만은 시체로 몸가림했다가 적들이 밖으로 쏠리는 틈에 총 한 자루를 채서 적 한 놈을 쏘아 죽이고, 담을 뛰어넘어 구사일생으로 살아 나왔다. 그는 이운봉, 윤석창 등을 만나 북으로 뛰어 원래 약정했던 왕해툰의 우리 집으로 왔다.

그동안의 상황은 이러했다. 설이 지난 뒤, 우리 아버지랑은 날마다 우리 집에 모여 회의를 했다. 뒤에는 이춘만, 김정국 등 간부들도 왔는데, 그들이 회의할 때마다 우리는 밖에서 망을 보았다. 한동안 회의를 하고는 이춘만, 김정국이 앞서 떠나고 며칠 지나 나의 아버지와 오빠, 그리고 임 목수네 일가까지 다 떠나버렸다.

구석진 곳에 자리 잡은 우리 집에는 나 혼자만 남게 되었다. 나는 몹시 불안했다. 밤이면 늘 도망꾼이 들르고, 지어는 강도패거리도 들러서 밥을 해내라고 성화였다.

자위단을 친다는 그날, 그 밤은 유달리 무서웠다. 나는 감히 집에 들지 못하고 나뭇가지 위에 기어 올라가 숨죽이고 강변의 행길을 멀리 지켜보았다. 그렇게 눈이 빠지도록 보고 있는데, 달빛 아래 멀리에 검은 점이 나타나는 것이었다. 분명 사람이었다. 나는 혹시 오빠가 돌아오는 게 아닐까 하여 그 검은 점 쪽으로 마주 달렸다. 그 검은 점은 하나로부터 여럿으로 줄느런히 나타났다. 다가가 보니 그들은 지도원 장현정이 거느리고 돌아오는 안방하항일소년선봉대 대원들이었다. 그들의 고르롭지* 않은 숨소리만으로도 비상사태를 직감할 수 있다. 내가 급히 오빠의 행방을 물었지만, 모두들 묵묵히 걸음만 다그쳤다. 재차 소리 높여 물어보자, 윤석창의 낮은 말소리가 들렸다. 오빠가 뒤에 온다는 것이었다. 그래서 그들의 뒤쪽으로 달렸다. 과연 또 몇 사람 지나쳤다. 나는 아예 오빠를 부르며 달려갔다. 마침내 오빠를 만났다. 오빠는 엄숙했다. 소리치지 말고 어서 집으로 돌아가라고 나를 떠밀었다. 오빠와 몇 사람은 김정국을 따라 걷고 있었다. 무슨 일이 생겼느냐고 내가

*고르롭다: '고르다'의 북한말

낮은 소리로 물어보니, 오빠는 대답 대신 나더러 빨리 돌아가 밥을 지으라면서, 밥을 먹고는 더 가야 한다는 것이었다.

　우리 집에 와 닿자, 그들은 집 안에서 회의를 했다. 오빠는 밖에 나와 나에게 쌀이 얼마나 있느냐고 물었다. 내가 좁쌀 주머니를 내보이자, 또 반찬거리가 없느냐고 물었다. 그러고는 주머니에 남은 30여 근의 좁쌀을 다 소래에 쏟아 넣으며 밥을 지으라고 했다. 먹고 나머지는 가지고 간다면서. 그다음 또 움에서 무를 꺼내 그것으로 국을 끓이라고 했다. 나는 서둘러 쌀을 일어 솥에 앉히고 무를 썰어 국을 끓였다. 당연 고기붙이도 기름도 없어 국에는 소금만 조금 넣었다.

　아궁이의 불이 활활 잘 탔다. 두 솥은 재빨리 끓었다. 나의 마음도 솥의 물처럼 끓어번졌다. 너무도 궁금해서였다. 도대체 무슨 일이 생겼는지, 이제 또 어데로 간다는 겐지 몹시 알고팠다.

　뒤에야 알았다. 그날 이해네 자위단에서 일이

틀어지고, 김정국만 빠져나올 때 밖에서 대기하던 소년대가 돌연 적의 추격을 받게 되었던 것이다. 적수공권(赤手空拳)에 추호의 전투경험도 없는 20여 명 소년대원은, 뛰는 수밖에 없었다. 때마침 김정국이 달려와 장현정과 함께 소년대를 지휘해 두 갈래로 뛰게 했다. 그래서 적의 추격을 벗어날 수 있었으며, 모두 우리 집에 모이게 되었다.

윤석창과 내 오빠 이운봉은 뛰는 동안 너무 더워서 솜옷을 벗었는데, 언제 어데다 버렸는지도 모르고 홋적삼 바람으로 돌아왔다. 북국의 엄동설한에 솜옷 없이는 사람이 얼어 죽는다. 오빠가 솜옷을 잃어버렸으니, 나는 안달아* 울었다. 한데 오빠는 대책이 있다면서 도리어 나를 달랬다.

오빠의 대책이란 아버지의 누덕 솜저고리를 입는다는 것이었다. 그 대책에 나는 울다가도 웃을 지경이었다. 아버지의 그 누덕 솜저고리라는 건 이름이 솜저고리지 기실은 솜저고리도 아니었다.

---

*안달다 : 북한말. 뜻대로 되지 않아 몹시 안타깝고 마음이 죄어들다.

깁다 깁다 더 기울 수 없을 정도로 해어진 것은 그만두고라도, 그 해어진 곳들에 타작할 때 볏겨들이 스며들어 이젠 솜보다 볏겨가 더 많은 것이었다. 그런데도 오빠는 그 옷을 찾아내어 입었다.

갓 열여섯 살인 오빠가 키 9척인 아버지의 저고리를 입으니 그야말로 병아리 우장 쓴 격이었다. 너무 길고 헐렁하였다. 그래서 오빠는 새끼줄로 허리를 질끈 동여맸다. 헐렁하지 않고 보온도 된다는 것이었다. 오빠의 신발도 해어져 발이 드러나는 것이었다. 그래서 또 아버지의 헌 솜신을 찾아 신었다. 허망한 대로나마 오빠의 방한준비가 되었다.

한데 윤석창은 더 찾아 입을 옷이 없었다. 우리 집 형편을 잘 아는 윤석창은 나더러 토막툰의 저의 집에 가서 솜저고리 하나 얻어 오라는 것이었다. 어두운 밤인데 나 혼자 어찌 다녀온다는 말인가. 그래서 이귀학이 나를 데리고 마을 어귀까지 같이 가 기다렸다가 내가 옷을 가지고 나온 다음 같이 돌아오기로 하고 떠났다.

우리 둘은 잔달음으로 토막툰까지 달려갔다. 약
속대로 이귀학이 마을 어구에서 기다리고 내가 윤
석창의 집에 찾아들었다. 내가 윤석창의 옷 심부름
을 왔다고 하니, 그 집 할멈은 새 옷 입고 간 지 며
칠 안 되는데 또 무슨 옷을 보내라는 성화냐고 투덜
거렸다. 그 말에 나는 금시 꾀가 나서 낡은 옷을 가
져가고 새 옷은 나중에 돌려드리겠다고 땜질했다.

우리가 낡은 솜저고리 하나를 얻어 가지고 집에
돌아왔을 때 사람들은 식사가 한창이었다. 나는
옷을 윤석창에게 주고 오빠를 찾아 나도 그들을
따라 같이 가겠다고 했다.

"안 돼. 넌 따라내지 못해. 오늘처럼 적들이 말
을 타고 쫓아올 땐 우리도 뛰기 어려운데, 네가 어
림이나 있어?"

"아니면 아버지도 안 계시고 오빠까지 가버리
구 나 혼자 남아서 어찌 살게요?"

나는 설움이 북받쳐 '으아' 하고 울음을 터뜨
렸다.

"이거 참……."

오빠는 가슴을 치며 꺼질 듯 한숨을 내쉬었다. 그의 눈에도 가득 이슬이 고이었다.

이 광경에 모두들 안타까워했다. 장현정은 나의 오빠더러 너무 속 태우지 말라고 타이르고 윤석창과 이귀학은 나를 달래었다.

"봉선아, 우린 전선에 싸우러 가는 게다. 이제 네가 한두 해 더 크면, 우리가 말을 타고 와서 널 데려간다. 그러는 게 안 좋으냐?"

그들의 말에 좌중이 모두 께껴들며 이담 꼭 마차를 몰고 와서 나를 데려간다고 장담을 했다. 다정한 그들의 말에 마음을 다소 눅잦히면서도* 나는 다잡아 물었다.

"그때 가서 안 오면 어쩔 테죠?"

"안 오면? 그럼 우린 이거야."

그들은 새끼손가락을 내들며 웃었다. 물론 나도 따라 웃었다. 하지만 다음은 말 못할 쓰라림에 모

---

*눅잦다 : 북한말. 누그러져 가라앉거나 잦아들다.

대기고* 있었다.

나를 달래놓고 그들은 회의를 시작했다. 나는 그들이 사무치게 부러웠다. 이윽고 그들은 선서를 했다.

"우리는 항일구국투쟁 끝까지 할 것이다!"

이렇게 선창과 합창으로 일제히 선서한 다음은 목소리를 눌러 소년선봉대의 노래를 장엄하게 불렀다.

서광이 보인다 전선으로 나가자

동지들아 싸우자

우리의 총칼로 우리의 길을 열자

용감히 달려가자 소년기 높이 들고

우리는 동북항일소년선봉대

우리는 동북항일소년선봉대

조용하고 나직하게 시작된 그들의 노래는 점점

---

*모대기다 : 북한말. 괴롭거나 안타깝거나 하여 몸을 이리저리 뒤틀며 움직이다.

높고 우렁차게 퍼지어 안방하 기슭의 밤하늘에 울려 퍼졌다.

노래를 부른 다음 그들은 눈 덮인 마당에 집합하여 달빛 아래에서 줄을 서고 낮은 소리로 번호를 보고했다. 도합 20여 명이었다. 그들 가운데 몇만 스무 살을 넘겼고, 나머지는 모두 16세부터 18세까지인 소년들이었다. 내 오빠 이운봉은 1918년 출생에 말띠, 겨우 열여섯이었다. 이들은 김정국, 장재영(장현정) 등의 지도 아래 항일구국의 붉은기를 들고 출발했다. 그들은 멀리 산으로 사라졌다…….

그들은 서쪽 방향으로 행군하여 만리하를 거쳐 와호리산을 넘고 얼어붙은 송화강을 건너 소흥안령 동쪽 기슭으로부터 등산하여 하운걸을 대장으로, 이운건(장세진, 장책)을 참모장으로 한 탕원유격대와 회합하였다. 밤낮을 가리지 않으며 간난신고(艱難辛苦)를 물리치고, 탕원유격대와 회합하기까지 살아남은 사람은 김정국·장현정·윤석창·이운봉·이

귀학·이종옥·진렴조·이종학·장재만·이문호·
이귀규·여덕현·박경도·윤충근 등이었다.

오빠네가 떠나는 날, 나는 오빠의 손을 잡고 눈
물을 흘리며 마을 서쪽 끝까지 따라갔다. 오래잖
아 돌아올 것이라며 돌아가라고 떠밀어서 나는 오
빠와 작별했다. 눈 덮인 밤길에서 가락 맞게 저벅
이는 걸음 소리는 점점 멀어졌고, 작은 대열은 달
빛 아래 요원한 천막 속에 사라졌다. 나는 그 자리
에 붙박여 서서 하염없이 그쪽을 바라보았다. 그
렇게 얼마나 오래 서 있었던지 나는 문득 온몸이
오싹 떨리고 손발이 저려남을 느꼈다. 안 될 일이
었다. 추운 곳에 더 오래 서있다간 얼어 죽을 수도
있는 것이다.

나는 주위를 휘둘러보았다. 설한풍이 휘몰아치
며 지붕의 이영초*까지 곤두서도록 서슬을 부렸
다. 얼핏 보기엔 지붕 위에 숱한 괴물들이 올라서
서 우쭐거리는 듯했다. 나는 가슴이 떨렸다. 나는

*이영초: '이엉초'의 북한말.

집으로 달려왔다. 집 안에서는 등잔불이 가물거리고 있었다. 모든 구석이 다 시꺼멓고 무서웠다. 나는 어디에 있어야 좋을지를 몰라 방에서 정주로, 정주에서 방으로 자리를 몇 번 바꾸다가 나중엔 정주간에 누워있는 늙다리 소의 품에 파고들었다. 그러니 더욱 안전감이 들고 온기도 있어 따뜻했다. 그래서 나는 새끼소와 함께 어미소의 품에서 잠이 들었다.

이튿날 임 목수의 부인 김병선 어머니가 애를 데리고 본가에서 돌아왔고, 잇달아 임 목수도 총총히 돌아왔다. 우리 아버지랑은 하서촌에 있다면서 임 목수는 적이 곧 쳐들어올 것이니 냉큼 떠나야 한다는 것이었다.

우리는 재빨리 짐을 꾸렸다. 이제 남쪽으로부터 기별을 받아야 거처를 확정할 수 있대서 우리는 부근에 숨은 채 초조하게 기별을 고대했다. 사흘 만에야 남쪽으로부터 사람이 와서 하는 말이, 적의 기병이 하서촌과 양수림툰의 장년 백여 명을 잡아갔는데, 그 속에 우리 아버지와 장재종 등이 있다는 것이었다. 그래서 우리는 임 목수를 따라 소가전의 북전자툰이라는 중국인 마을에 10여 일 피난했다가 집으로 돌아왔다.

협신자촌 이해의 자위단을 치려다가 실패한 뒤, 적들은 그에 대한 보복으로 부근의 장년 100여 명을 잡아 집현현 북대영에 가두었던 것이다. 적들은 취조 끝에 박영선(女)·조영자(女)·이만수·이경석 네 사람만 가목사시의 감옥에 넘기고 우리 아버지 이석원과 장도금·장재종 등 나머지 사람들을 모두 석방했다. 이는 집현현 헌병대의 지하공작자 최수림(중국인)이 열심히 뛰어 상계의 요원들이 담보하게 한 결과였다. 가목사 감옥으로 압송되었던 박영선과 조영자는 적들이 증거 부족으로 석방하고, 이경석과 이만수는 적들에게 자수하고 풀려나왔다. 혁명군중과 간부들의 안전을 확보하기 위해 항일연군 제6군 제1사단에서 사람을 파견하여 이경석과 이만수를 붙잡아 처단해버렸다.

안방하지구의 투쟁은 적들의 무자비한 진압과 주요 지도자들의 희생으로 하여, 지하로 전입하고 항일군중과 간부들은 한족 마을이나 다른 현으로 소산(疏散)시켰다. 우리 아버지는 화천현 연래진의 부두로 소산되어 임시 운반공 일을 했다. 우리 항일구국아동단도 지도자가 없어 탕원현위에서 새 지도자를 파견할 때까지 기다리는 수밖에 없었다.

그동안 마을은 휑뎅그렁하였다. 어린 나이에 홀로 사는 나의 마음은 사무치게 쓰라리었다.

우차를 몰다

우리 집에서 내 유일한 동반자는 늙다리 소였다. 이 소가 원래는 '산동왕'이라는 별호를 가진 이웃 중국인의 것인데, 그것이 우리 집에 오게 된 데는 그럴 사연이 있었다.

1933년 겨울에 있던 일이다. 산동왕이라는 사람이 타작 끝에 집현현에 식량을 팔러 갔는데, 돌아오는 길에 제 아내의 정부에게 피살되었다. 도끼로 산동왕을 찍어 죽인 정부는 그 길로 산동왕의 집에 와서 부랴부랴 산동왕의 처를 말발구*에 싣고 도망쳤다.

---

*말발구 : 말이 끄는 썰매.

이튿날 아침, 눈보라가 흩날리는데, 오빠와 내가 밖에 나와 보니 산동왕의 집은 텅 비어있고, 그집 소만 막 새끼를 낳고 추위에 떨고 있었다. 우리는 그 어미소와 송아지를 집 안에 끌어들인 뒤 먹이를 주고 물을 주어 그들을 구원했다. 그 뒤 조직에서는 암소와 송아지를 우리 집에 두고 촌의 공유재산으로 쓰게 하였다. 봄갈이와 가을걷이에 모두들 소를 쓰고 적당한 역사료(役事料)를 식량으로 바쳐 총을 사는 등의 비용으로 모았다.

오빠네 대오가 떠날 때 집의 쌀을 다 먹어버렸다. 사람으로서 쌀알을 전혀 먹지 않고는 살기가 어려운 것이다. 연 며칠 무만 먹던 나는 너무 속이 시려 견딜 수 없었다. 그래서 먹을 것을 찾아 헤매다가 마침 탈곡장에 아직 이삭을 털지 않은 볏무지 하나가 있음을 발견했다. 보아하니 돌피가 너무 많이 섞인 것들을 따로 무져둔* 것이었다. 나는 나뭇가지 한쪽 중간을 짜개서 훑이를 만들어 벼이

---

*무지다 : '모으다'의 북한말.

삭들을 훑었다. 한나절 훑어 모으니 거의 한 마대가 되었다.

그 벼를 찧어 쌀을 만들려면 우리 마을에 석마칸이 없어서 토막촌으로 가야했다. 나는 집에 와서 우차에 볏마대를 싣고 토막촌 석마칸을 찾아갔다. 그런데 석마가 하나뿐이어서 낮에는 본촌 사람들이 쓰고, 타촌 사람들은 밤에야 빌려 쓸 수 있었다. 내가 석마칸에 이르렀을 때는 장경신 아지미가 쓰고 있었다. 그래서 날이 저물어서야 일을 시작했다.

나는 소를 석마에 매어 놓고 벼를 석마판에 쏟아 고르게 폈다. 석마 찧는 데에도 요령이 있었다. 쌀이 부서지지 않도록 잘 찧으려면 석마판 변두리로 밀려나오는 벼를 부지런히 쓸어 올려 벼의 적당한 두께를 보장해야 한다. 물론 이런 상식도 장경신 아지미가 가르쳐준 것이며, 아지미는 내가 일을 시작해서도 한참 지켜보다가 괜찮게 해낼 것 같은 파악이 있고서야 돌아갔다.

보통 석마 쌀은 세 벌을 찧는다. 한 벌 찧어내서
는 풍구에 넣어 겨를 날려보내야 하는데 그 석마
칸에는 풍구가 없고 키짝 하나만 있었다. 나는 어
리고 힘이 약해서 키질하기가 힘겨웠다. 그러니
적게 담아 키질하는 수밖에 없었다. 이렇게 밤새
애를 써서 세 벌을 찧어냈다. 찧어낸 쌀을 마대
에 담을 때는 이미 너무 배고프고 추워서 손발이
말을 잘 들어주지 않았다. 그래서 쌀을 땅에 쏟기
일쑤였고, 쏟으면 또 그것을 흙채로 키에 담아 다
시 까불렀다. 쌀을 마대에다 담고보니 30여 근 되
었다.

나는 쌀을 우차에 싣고 귀로에 올랐다. 마을을
벗어나자, 나는 너무 졸려와서 깜빡 잠들고 말았
다. 그다음은 어떻게 우리 마을 어구에까지 왔는
지 나는 모른다. 그동안 나는 아름다운 꿈을 꾸었
다. 꿈에 오빠가 나를 데리러 왔고, 나와 오빠는 나
란히 백마를 타고 산등성이를 달렸는데, 마치 푸
른 하늘의 꽃구름 속을 나는 것 같은 기분이었다.

176

그러다가 나는 몸이 덜컹하며 느닷없이 꺼져 내림을 느꼈고, 삭풍에 숨이 개껴 잠에서 깨어났다.

깨어 보니 나는 얼음판에 누워있는 것이었다. 나만 그런 게 아니라, 소도 넘어져 있고 송아지는 음매음매 울고 있었다. 우차가 오른쪽으로 기울어지면서 채 번져지지는* 않았지만, 나를 얼음판에 내던지고 소도 미끄러 넘어지게 했던 것이다. 이 정경을 헤아려본 나는 눈을 털고 일어나 소의 앞에 다가가서 채찍으로 살짝 치며 '이랴' 하고 소리쳤다. 그러자 나의 용의(用意)를 알고도 남음이 있다는 듯 넘어졌던 소는 단번에 벌떡 일어나는 것이었다. 나는 마음속으로 그 소가 고마웠다.

그 소는 사람의 마음을 잘 아는 듯했다. 내가 잠들었을 때 그는 혼자서 마을을 향해 우차를 끌었고, 차가 넘어지고 내가 떨어지니까 제가 넘어진 대로 움직이지 않고 기다리다가 내가 깨어나서 저를 부르니까 제꺽 일어서주었다. 그 소가 그렇게

---

*번져지다: '거꾸러지다'의 사투리

도와주지 않았더라면, 어떤 사단이 생겼을지 모를 일이었다. 나는 정다이 소의 목을 안아주고 등을 쓰다듬어 주었다. 송아지도 즐겁다는 듯 깡충 뛰며 움메 소리쳤다. 집에 돌아와서 나는 소를 정주에 끌어들이고 여물과 물을 많이 주었다.

몸이 피곤하나 마음은 즐거웠다. 제힘으로 중대한 임무를 수행했다는 자랑스런 심정이었다. 내 손으로 마련한 입쌀 30여 근, 그것이면 내가 적어도 두 달을 살아갈 수 있을 식량이었으니 어찌 기쁘지를 않았으랴!

양귀비밭 품팔이

1934년의 어느 여름날이었다. 나는 버릇대로 마을 서쪽 어구에 서서 행여나 오빠가 돌아오지 않을까 하여 오래오래 지켜보고 있었다. 마침 이 날 그쪽으로부터 한 무리의 사람이 나타났다. 나는 몹시 기뻤다. 꼭 나를 데리러 오는 항일대오(抗日隊伍)라고 믿어서였다. 한데 서로 이르러 보니 그런 게 아니었다. 그들은 태평진이라는 고장에서 여기를 지나는 남녀노소 농공들이었다. 나는 그들에게 어데 가서 무슨 일을 하느냐고 물었다. 그들 속의 누군가가 아편 거두러 간다고 대답했다.

"그럼 어데 가서 그런 일을 하죠?"

"응? 죄꼬만 계집애가 그런 일을 하려구? 허허……."

"나도 같이 가면 안 돼요?"

"허허, 죄꼬만 게 속은 어물쩍하지……."

"어덴지 자리나 알려주세요."

"손로도네 밭이란다."

어느 아지미가 밭을 알려주었다. 그들은 히닥거리며 떠나갔다. 멀어지는 그들을 바라보며 나는 어서 크지 못하고 재빨리 자립하지 못하는 자신을 원망했다.

우리 아버지는 봄에 한 번 얼핏 와서 뻔질나게 밭을 갈고 물을 대어 파종을 하고는 가버렸다. 나는 홀로 남아있으면서 늘 이런 생각을 했다. 만약 내가 품팔이를 해서 돈을 좀 벌 수 있다면 얼마나 좋으랴. 그러면 우선은 내가 배를 곯지 않을 수 있고, 오빠에게 신발과 옷을 사 줄 수 있을 것이라고.

나는 꿈에 여러 번 오빠를 만났다. 오빠는 마냥 아버지의 누덕 저고리와 헌 솜신을 입고 신고 있었다. 꿈에서 깨어날 적마다 나는 가슴의 쓰라림을 금할 수 없었다. 그래서 날마다 마을 서쪽의 수풀길을 지켜보는 것이 나의 버릇이 되었다. 오빠네가 그리로 떠나던 정경을 되새김이 재미였고 오빠가 그리고 돌아오기를 기다림이 재미였다. 더 멀리 완달산의 칠성봉을 굽어보면서는 거기가 항일군의 후방기지이며 거기엔 많은 영웅이 있다고 하던 노인들의 이야기와 그 영웅들의 사적을 상기함도 역시 재미였다.

그곳에는 우리 아버지도 지원물자를 전하러 수차 다녀왔었다. 나도 빨리 자라고 빨리 자립하여 그곳으로 가리라고 굳게굳게 마음먹어왔다. 이날 남들이 돈벌러 가는 걸 직접 보고나니, 마음이 들떠서 진정할 수 없었다. 집으로 돌아오는 길에서 나는 꼭 한번 겪어봐야겠다는 결단을 내리고야 말았다. 옥수수밭을 지나면서 나는 우연히 허수아비가 쓰고있는 삿갓을 발견했다. 방금 지나간 농공들이 모두 그런 삿갓을 썼었다. 그래서 나는 허수아

비의 삿갓을 벗겨 내 머리에 썼다. 비록 헐고 너무 큰 삿갓이긴 했지만, 햇볕 가림은 되는 데다가, 그걸 눌러쓰니 나도 틀림없는 농공이라는 느낌이 들어 더 기뻤다. 나는 그 길로 집에 달려와 흰 적삼과 검은 깡동치마를 입고 헌 담요 하나 말아 겨드랑이에 끼고 나섰다. 꼭 품을 팔아 돈을 벌겠다고!

집을 떠나 외출하기는 그때가 처음이었다. 저도 모르게 가슴이 두근거렸다.

나는 마을 북쪽의 대통로에 올랐다. 이 길은 가목사로부터 연래진·소가전·왕해툰·하몽림촌·집현진을 거쳐 부금현으로 가는 중요한 교통 간선이었다. 길 양옆은 모두 옥수수나 수수를 심은 밭인데, 그리로부터 늘 토비와 강도들이 출몰했으며 피해자의 시체가 길바닥에 버려지기가 일쑤였다. 그래서 누구도 홀몸으로는 못 다닌다는 길이었다. 그런 길을 혼자 걷는 나는 주변에 행인도 인가도 없자, 점점 겁이 나서 잔달음을 쳤다. 콩콩 뛰는 가슴을 달래며 왕해툰 동남쪽에 이르러서야 시름을 놓을 수 있었다.

한 무리의 사람들이 왕해 양귀비밭에서 일을 하고 있었다. 나는 밭머리에 앉아 숨을 돌리며 구경을 했다. 농공들의 감독은 왕장궤(왕노삼)였다. 내가 큰 삿갓을 썼기 때문에 알아보지 못한 왕 감독은 나에게로 다가와서 엄마 찾아온 아이인가 하고 물었다. 나는 머리를 들지 않은 채 성이 이씨고 아버지가 이석원이며 집에서 왕 감독을 여러 번 봤다고 말했다. 내 말을 듣고 왕 감독은 기뻐했다. 나의 이름이 소봉이라는 것도 알며, 내가 컸다면서 삿갓 때문에 알아보지 못했단다. 그는 아버지가 뭘 하는가, 나는 뭘 하러 왔는가고 물었다.

"아버진 외지에 일감 얻으러 갔고, 나는 품팔이 하러 왔어요."

"키도 모자랄 네가 공연히 몽우리를 다 떨궈버리려구?"

왕 감독은 어처구니 없다는 듯 휙 돌아서며 농공들에게 점심식사를 하라고 소리쳤다. 이때 두 사람이 농공들의 점심을 밭머리에 날라왔다. 농공들은 잇따라 점심을 타서 먹었다. 남들이 밥을 먹는 걸 보니 나는 갑자기 배가 고파 군침을 꿀꺽 삼켰다.

왕 감독은 일부러 나를 소외하는 것이었다. 그는 흰 적삼에 새까만 바지를 입고, 머리에는 밀짚으로 결은 중절모자를 썼으며, 손에는 종이부채를 들고 자주 철썩철썩 접었다 폈다 하는데, 보기에 아주 건방졌다.

그의 태도를 보아서는 내가 아무리 사정을 해도 소용이 없을 것 같았다. '어쩜담?' 집으로 돌아가자니 내키지를 않고, 딴 곳을 더 찾아가려니 또한 허황하였다. 주저 끝에 나는 어차피 머리를 움추릴 수는 없고 일단 나왔으면 뻗대봐야 한다고 작심했다. 그래서 손로도라는 지주네 밭을 찾아가려고 한 농공에게 길을 물었더니 북쪽의 오솔길을 따라가면 찾을 수 있을 것이라고 가르쳐주는 것이었다.

나는 왕해 양귀비밭을 떠나 북으로 통한 오솔
길에 들어섰다. 길은 꼬불꼬불했고, 갈수록 수풀
이 우거져 그 길이 도시 얼마나 먼 길인지를 가늠
할 수가 없었다. 숲속의 오솔길을 홀로 걷는 나는
두려움으로 숨소리마저 크게 내지 않고 정신을 도
사렸다. 이제 손로도의 밭을 찾지 못하거나 길을
잘못 들어선다면 어쩔 것인가? 뒤를 돌아보니 역
시 우거진 수풀이며 이미 멀리 걸어온 듯했다. 앞
길이 아직 얼마나 남았는지 파악할 수 없고, 되돌
아가자니 날이 저물 것 같아 나는 오도가도 할 수
없었다. 울면서 겨자먹기라더니 나는 계속 앞으
로 걸어보는 수밖에 없었다. 그래서 떨리는 가슴
을 싸쥐고 총총걸음을 놓는데, 문득 눈앞에 널따
란 풀밭과 일망무제(一望無際)의 농전(農田)이 나타
나는 것이었다. 다행이었다. 농전이 있으면 꼭 사
람이 있을 것이고, 사람이 있으면 손로도 양귀비
밭이 어딘지를 물어볼 수 있을 것이었다. 나는 잰
걸음으로 오솔길을 따라 둔덕에 올랐다. 그랬더니

더 허넓은 녹지가 나타나고, 한켠엔 녹음이 우거
져 경치가 아름다웠으며, 더 환희로운 건 거기에
하나하나의 초막이 줄지어 앉은 것이었다. 농공들
의 막임에 틀림없었다.

　나는 끝내 손로도 양귀비밭과 일막 동네를 찾아
왔던 것이다. 여기는 또 아편교역시장이기도 했
다. 여기의 초막은 두 가지로 나뉘어 있었는데, 하
나는 출입구에 마대쪼박을 친 일막이고, 다른 하
나는 일막을 마주하여 문에 꽃천을 드리우고 있는
아편굴이었다. 그 아편굴들이 서글퍼 보였지만,
거기에는 그래도 기생이 있어 대동해주었다. 아편
굴들의 크기는 모두 비슷했는데, 겨우 두세 사람
들어가 누울 수 있는 정도였다.

짚더미 속에 숨어 울다가

내가 그곳에 찾아갔을 때는 이미 해질 무렵이었다. 농공들은 모두 약통과 손칼을 들고 퇴근하고 있었는데, 그들은 둘씩 짝을 이루고 있었다. 제집 식구들끼리 이루어진 것 같았다. 그들은 노천식탁 양켠에 줄지어 앉았다. 노천식탁이란 건 흙벽돌을 두어자 높이로 쌓고 그 위에 두어뼘 넓이로 거친 널판자를 올려놓은 것이었다.

농공들이 모두 자리에 들자 두 사내가 큰 오짓 대야 하나를 맞들고 나와 상머리에 놓았는데, 거기에는 조밥이 반이나마 담겨 있었다. 이어서 또 한 사내가 물지게로 초롱 두 개를 져왔다. 나는 그

두 초롱에는 채나 국이 들었으리라고 짐작했다. 그런데 그 초롱들에서 김이 피어오르지를 않았다. 그 사내가 초롱을 들어 밥대야에 부을 때에야 보니 그것은 우물물이었다. 밥대야에 우물물을 부은 다음 그 사내는 큰 밥주걱을 넣어 휘저었다. 그러니 밥대야의 조밥은 한 대야의 죽으로 변했다. 농공들의 주식은 이런 것이었다. 그럼 반찬은 없는 것인가?

내가 멀리 엿보며 궁금해 하는 동안 사내들은 돌아가더니 파 한 단과 풋배추를 가져오고, 다른 두 사내는 토장 몇 사발을 가져오는 것이었다. 크고 작기가 같지를 않은 사발들에 담긴 토장은 거무틱틱한 색깔이었다. 이 모든 것이 챙겨진 다음도 농공들은 까딱 다치지 않고 기다렸다가 감독의 호각 소리가 울리자 와락 접어들어* 죽을 퍼온다, 파와 풋배추를 앗아온다, 앞 다퉈 설치는 것이었다. 특히 파 한 단은 어느새 다 채어 가서 굼뜬 사람은 몫

*접어들다 : 북한말. 일이나 사업에 기세 좋게 나서서 착수하다.

이 없었다. 그러고는 죽을 훌훌 마시며 파나 풋배
추를 토장에 쿡쿡 찍어 먹었다. 시꺼먼 토장 속에
서는 무엇이 꿈틀거렸는데, 그것이 드러나 겉으로
기어나오는 것을 보니 멀찌감치서도 그것들이 거
의 반 치씩 큰 구데기임을 알아볼 수 있었다. 그걸
본 나는 구역질이 났다. 하지만 농공들은 그걸 조
금도 개의치 않고 젓가락으로 집어던지며 먹성 좋
게 걸탐스레 먹어대는 것이었다. 진종일 굶은 나
는 배가 고파 군침을 흘리며 그들의 식탁을 뚫어
지게 지켜보았다.

"이건 웬 계집애냐?"

누군가 바로 등 뒤에서 꽥 지르는 고함 소리였
다. 나는 와뜰 놀라며 돌아섰다. 나의 앞에는 손에
부채를 들고 왕 감독과 비슷이 차려입은 사내가
눈을 부라리며 서 있었다. 나는 겁에 질려 그만 울
음을 터뜨렸다.

"얘가 배고픈 모양이군. 어서 이리 와서 뭘 좀
먹어라."

마흔 쯤 되어 보이는 한 아낙네가 나를 식탁으로 데려갔다.

"아니, 이 아줌마, 이 밥이 당신 꺼요? 함부로 남을 주다니! 응?!"

또 부채 쥔 사내가 버럭 소리를 지르는 것이었다. 그 소리에 놀라서 나는 아줌마의 손을 벗어나 도망쳤다. 뒤에서는 아줌마가 그 감독놈을 욕하는 소리가 들렸다.

"아니, 당신 같은 것도 사내대장부요? 이담에 평생 자식 없는 홀아비질이나 하잖나 봐요!"

나는 단숨에 멀리 달려갔다. 마침 짚더미가 있어 나는 그 속에 몸을 숨기고 혼자 울었다. 나는 어쩐담? 그냥 이처럼 천대만 받고 되돌아가는 수밖에 없다는 말인가? 때는 이미 어둠이 푸른 들판을 삼켜버린 어슬막이었다. 밤길을 걸을 수 있는가? 소문에는 밤길엔 강도가 사람을 죽인다고 하며 또 어떤 강도들은 어린 계집애를 빼앗아 가목사나 하얼빈 같은 도시에 가져다 팔아먹는다는 것이었다. 이렇게 생각을 굴릴수록 나는 소름이 끼쳐 몸을 최대한도로 움츠리고 짚으로 몸을 안 보이게 덮었다. 어차피 이튿날 날이 샌 다음에 길을 떠나리라고 작심했다.

나는 짚더미 속에서 밤을 새우려고 하였다. 한동안 누워있으면서 밤하늘을 엿보노라니 하늘가로부터 조각달이 떠오르는 것이었다. 그 조각달을 보니 그래도 마음이 저윽이 놓였다. 그라도 더 붙어준다고 생각하니, 고독감이 덜했다. 좀더 지나서는 하늘의 직녀성도 보였다. 그러자 나의 뇌리에는 어릴 때 어머니가 나를 데리고 한 노인을 찾아가서 나의 팔에 바늘로 찔러 남색 점을 박고, 직녀에게 보명보고(保命報告)를 하던 일이 떠올랐다. 그러니 자연 어머니가 그리웠다. 만약 어머니가 계신다면 나는 오늘처럼 천대를 받지 않고, 굶주리지 않고 짚더미 속에서 밤을 새는 구박한 처지에 떨어지지 않을 것이다. 이런 생각에 설움이 북받치고 어머니가 사무치게 그리워서 나는 흐느

끼며 〈어머니는 왜 안 오시나요〉라는 노래를 불렀다.

하늘의 밝은 달님 알려주세요.

오신다던 우리 엄만 왜 안 오시나요?

어머니 어머니 불쌍한 이 내 몸을

꿈에라도 한 번 와서 안아주세요.

"게 짚더미 속에 누구요?"

내가 노래하면서 울고 있는데 누군가 기척을 듣고 묻는 것이었다. 그는 바로 나에게 저녁을 먹이려던 아줌마였다. 그를 보자 나는 웬일인지 더 참을 수 없어 목놓아 울었다.

"아유, 어서 나와, 어서. 나도 너겠거니 짐작을 했다. 그러지 않았으면 감히 나와서 물어보겠니?"

나는 아줌마의 손을 잡고 짚더미로부터 끌려나왔다.

"애두, 온몸이 짚투성이가 돼서 딱 새끼양 같구나. 넌 왜 집에 가지 않고 혼자 여기에 숨었지?"

"난, 난 무서워서 못 가고……."

나는 대답을 채 못 하고 또 울었다.

"됐다. 울지 말어. 애두, 짚더미 속에 숨다니. 여기 모기랑 전갈이랑 얼마나 지독한지 알어? 그러다가 깨물려 죽으면 어쩌려구."

아줌마는 나를 나무라며 그의 거처로 데리고 갔다.

그의 거처는 부엌간으로 쓰는 삼간토옥인데, 부엌 하나와 온돌 둘이 있었다. 때식을 끓여대어 온돌이 몹시 더웠다. 그래서 많은 여공들이 모두 초막에 나가 자고, 냉병 있는 몇 할멈만 멀찌감치 윗목에서 자고 있었다. 그래서 아랫목에는 널찍한 자리가 비어 있었다. 나는 아줌마가 시키는 대로 아랫목의 넓은 자리에 올라가 누웠다. 오래잖아 나는 땀을 흘리며 잠들었다.

이튿날에야 나는 그 아줌마가 손씨임을 알았는

데, 연세가 우리 어머니와 어반했으므로 나는 그를 손 어머니라고 부르기 시작했다. 아침 일찍 식사하러 나갈 때 손 어머니는 나더러 방에서 기다리라고 하더니 이윽해서 죽이며 파, 풋배추에 그 시꺼먼 토장까지 가져다 주는 것이었다. 꼭 하루 낮 하루 밤을 굶은 나는 먹을 것이 차려지자 그 토장 속에 무엇이 있으리라는 걱정을 할 경황도 없이 걸탐스레 먹어제꼈다. 손 어머니가 가져온 것을 게눈 감추듯 다 먹어버렸다. 아주 맛있게. 그래서 나는 '기불택식(饑不擇食)'이라는 어른들의 말씀을 몸소 깨달을 수 있었다.

농공들이 일 떠날 무렵

아침식사를 하고 농공들은 마당에서 한 쌍씩 짝을 지어 줄을 섰다. 아편즙을 거두는 일은 꼭 두 사람이 한 조가 되어 하나는 앞에서 손칼로 담뱃몽우리 겉에 금을 도려놓고 그 도린 자리로부터 흰색의 아편즙이 스며나올 때 뒷사람이 그 즙을 긁어서 약통에 담아야 했다. 그래서 아편걷이에 올 때는 미리 집안사람끼리 짝을 무어 왔다. 이렇게 짝이 무어지면 일손이 잘 어울려서 좋고, 또 마지막에 수입 결산에 시끄러울 일이 없어서 좋았다.

나는 이런 일을 처음 보았다. 줄지은 사람들을

보니, 첫머리로부터 맨 끝까지 틀림없는 한 쌍씩이었다.

줄지었던 농공들이 일 떠날 무렵이었다. 아편굴로부터 한 사나이가 허겁지겁 달려나오더니 감독의 옷깃에 매달리며 저는 짝을 찾지 못했으니 감독이 도와줘야겠다고 애걸했다.

"뭐야? 내가? 나도 그런 재간 없어."

"그럼 난 어쩌라는 거요? 헛걸음하라구?"

"어쩌긴? 짝이 있으면 일을 하는 게구 없으면 마는 게지. 하루 아편 안 피우면 그만인 걸⋯⋯."

감독은 시답잖이 핀잔을 주고 담배를 꼬나물며 돌아섰다.

"이 비렁뱅이 계집애, 아직도 여기 있는 거냐?"

감독은 나를 향해 눈알을 부라리고 뭐라고 중얼거리며 자리를 떴다.

"아니 아니, 내 말 좀 들어요. 오늘 일을 안 하면 난 피울 아편이 없다구요. 제발 좀 살펴주구려."

그 사내는 감독의 꽁무니에 바싹 따르며 굽신거

렸다. 그는 나이 삽십여 살에 등이 구불고 키는 큰데, 온몸에 뼈가 앙상하도록 여위고 얼굴은 총총 얽어서 왕곰보라는 별명을 가진 사람이었다. 나는 감독에게 애걸하는 왕곰보의 몰골이 우스웠으며, 그는 꼭 아편쟁이리라고 짐작했다. 한껀 왕곰보에게 짝이 없는 상황에서 나는 혹시 나에게 기회가 생기지 않을까 하는 생각을 했다. 그래서 나는 큰맘 먹고 나도 아편걷이 왔노라고 말했다. 그러자 감독은 경멸의 눈길로 나를 쏘아보더니 왕곰보에게 희롱조로 말을 던졌다.

"허허, 왕곰보, 짝이 여기 있군 그래. 이 조선 계집애 어때?"

"예? 어유, 하느님 맙시사! 그 고양이 자지만한 계집애가 무슨 일을 한다구요!"

"그럼 날 더 찾지 말어!"

감독은 휑하니 가버렸다.

감독이 간 다음 왕곰보는 쭈그리고 앉아 한숨을 쉬다 말고 나한테 분풀이를 하였다.

"죄꼬만 계집애가 이제 몇 살이라구 이런 델 와서 성화냐?!"

나는 다소 두려웠지만 가까스로 용기를 내어 나이가 이미 열 살이며 품팔이하러 왔다고 똑똑히 말했다.

"품팔이? 말이 쉽지 너 따위 계집애가 감당할 수 있어?"

"배우면서 하면 되지요……."

"배우면서? 그럼 난 서북풍을 피우라는 거냐?"

왕곰보는 실망하여 허벅다리를 치고는 머리를 싸쥐고 말을 하지 않았다. 나도 일부러 잠자코 있었다. 나의 속내에는 나름이 섰던 것이다. 만약 내가 없으면 왕곰보는 오늘 일을 못 할 것이 뻔했다. 그래서 피차 말이 없다가 내가 먼저 입을 열었다.

"싫으면 난 가겠어요."

"아니야 아니, 너 못 간다."

왕곰보는 벌떡 일어섰다.

"왜 못 가요?"

"됐다 됐어. 우선 하루만 일을 해보자. 그런데 내가 선생이고 넌 학도라는 걸 잊지 말어. 그래서 사흘 동안은 삯을 안 줘."

나의 짐작이 틀림없었다. 어차피 나를 쓰겠다고 하니 나도 동의했다.

"그리구 넌 날 왕곰보라고 부르면 안 돼. 꼭 왕 선생님이라고 불러. 알겠지?"

왕곰보는 어린 내 앞에서나마 인격을 세워보려는 마음이었다. 나는 그것이 너무 우스워서 피식 웃었다.

"웃긴? 죄꼬만 계집애가!"

속수무책인 왕곰보는 나를 가르쳐 일을 하는 수밖에 없었다. 나는 기뻤다. 한켠은 또 일을 잘 해낼 수 없을까봐 걱정도 컸다.

양귀비밭은 무연한* 구릉지 초원인데, 움푹한 곳은 풀밭이고 둔덕진 곳은 양귀비였다. 아편 몽우리는 풀색인데, 큰 것은 오리알만 하고 작은 것

---

*무연하다 : 아득하고 너르다.

은 메추리알만 하였다.

여긴 땅이 걸어서 양귀비가 잘 자랐으며, 꽃이 호함지고 몽우리가 컸다. 멀리서 바라보면 여긴 아름다운 꽃밭이었다. 크게 아편농사를 벌이는 것은, 중국인민을 독해(毒害)하려는 일본제국주의의 음모술책 가운데 하나였다. 하지만 왕곰보처럼 우매무지한 중국 사람들은 그 음모에 사로잡혀 날마다 아편 없이는 못 사는 아편쟁이가 되었으며, 더욱 한심한 것은 아편이 농촌시장의 유통수단이 되어 돈 대신 쓰이었다는 것이다. 타래떡이나 호떡을 사는 데도 아편을 주어야 했다. 여기 끝없이 펼쳐진 양귀비밭은 전 동북 땅 천천만만(千千萬萬) 양귀비밭 가운데 하나에 지나지 않을 것이니, 전국적으로는 양귀비밭이 얼마겠고 그렇게 많은 아편이 전국 인민에게 끼칠 해독은 얼마나 심중하랴!

내가 왕곰보를 따라 밭머리에 이르렀을 때 30여 쌍의 농공들은 벌써 일을 시작했다. 그들은 찌는 듯한 햇볕 아래서 방울방울의 아편즙을 긁어모

으고 있었다. 나는 앞치마를 두르고 삿갓을 쓰고 '왕 선생님'의 가르침을 기다렸다. 왕곰보는 아직도 흐린 낯색이었다.

"넌 칼질할래? 아니면 즙을 거둘래?"

"난…… 몰라요……."

"몰라? 흥! 그럼 뒤에서 즙이나 받아봐!"

왕곰보는 홧김에 벌떡 일어나 손칼을 들고 아편 몽우리를 에어내기 시작했다. 그는 아주 익숙하고 재치있게 일을 했다. 그와 반대로 나는 몹시 서툴렀다. 남들 하는 대로 아편즙을 받아 모으느라 애는 쓰지만, 깨끗이 모으는 대신 손에 칠갑을 하여 진득거렸고, 워낙 고랑뚝이 높은 데다가 양 귓빗대들이 길고 커서 나는 발돋움을 해야 하니 일손이 말째일 뿐만 아니라, 몽우리를 비틀어 떨어뜨리기가 일쑤였다. 나는 왕곰보의 속도를 따라낼 수 없었다. 그래서 일찍 칼로 에어낸 몽우리들에선 아편즙이 스며 나왔다가 저절로 흘러 떨어졌다. 이런 정경을 본 왕곰보는 화가 나서 욕설을 퍼부었다.

"요 망할 놈의 계집애, 넌 굼벵이냐? 이 숱한 즙을 낭비하구 숱한 몽우리를 비틀어 떨궜으니, 넌 대체 일을 하는 게냐, 사서 죽자는 게냐!"

왕곰보는 두 눈을 부라리며 내 손에서 약통을 빼앗아가지고 곧 떨어지려는 아편즙들을 재빨리 받아 담았다. 욕할 땐 미워도 일솜씨만은 정말 고왔다. 나는 욕을 먹으면서도 그의 자세와 동작을 눈여겨보았다. 나도 그처럼 몽우리를 에둘러 빙 돌면서 즙을 긁었다. 그러니 잘 보여서 깨끗이 수습할 수 있고, 몽우리를 비틀어 떨구지 않을 수 있었다. 이렇게 하니 일이 순조롭고 시간이 지날수록 손에 익어갔으며, 재치가 늘었다. 왕곰보는 한참이나 나의 거동을 지켜보며 아무 말 없다가 다시 손칼을 들고 일을 시작하는 것이었다. 이젠 그에게 내가 괜찮게 보였을 것이라고 짐작하며 안심했다.

퇴근할 때 왕곰보는 또 짜증을 냈다. 하지만 내

가 서툴다는 꾸중은 아니었다.

"젠장, 진종일 했다는 게 나 혼자 피울 감도 안 차누나. 내가 이미 얘기한 대로 오늘은 네 몫이 없다. 알겠지?"

밤에 농공들은 모두 초막 안에서 아편을 달였다. 왕곰보는 남보다 더 성급히 서둘렀다. 그는 세숫대야에 아편즙을 쏟아 넣고, 그것을 불 위에 앉혀 달였다. 아편즙의 색깔이 커피색으로 변하며 연고가 되자, 그것을 싹싹 긁어서 콩기름 바른 우피지 위에 놓아 식혔다. 이것이 바로 아편이었다. 왕곰보는 작은 저울로 그 아편의 무게를 달았다. 똑똑히 볼 수는 없었지만 대략 칠팔 푼 되었다. 그 담 왕곰보는 그 아편을 6대 4의 비율로 나누어 큰 몫을 감독에게 주고 작은 몫을 제가 가지며, 나에게는 조금도 주지 않았다.

이튿날 일을 시작해서도 왕곰보는 나에게 트집을 잡으며 푸념을 했다. 나는 그닥 개의치 않았다. 한데 외려 여느 농공들이 나의 편을 들어주는 것이었다. 어떤 이는 어린 나이에 품팔이 나온 내가 가엾다고 하고, 어떤 이는 세월을 저주하고, 어떤 이는 왕곰보를 욕했다.

"왕곰보, 자넨 너무 못됐다구. 평생 홀애비로 살겠어? 이제 세간해봐야 셈이 들겠군. 이젠 좀 그 입으로 개똥만 뱉아내지 말라구. 이담 대가 끊기구 말잖나 봐."

"휴—, 난 다 틀려먹었시다……."

이렇게 자탄하고 왕곰보는 말문을 닫아버렸다.

나는 일을 잘하며 유즙을 낭비하지 않으려고 날째게 서둘러 왕곰보의 뒤를 바싹 따라섰다. 그가 손칼로 에는 족족 금시로 즙을 긁어 담았다. 내 딴에는 이렇게 서두르면, 더 트집잡을 거리가 없을 것이라고 생각했다. 그런데 결국은 또 틀렸던 것이다.

"아이구, 아이구, 요 계집애가 오늘은 왜 이렇게 설쳐대지? 좀 기다려서 유즙이 함뿍 스며 나온 담에 긁어 담아야지. 이렇게 채 스며 나오지도 않았는데 긁어버리고 지나치면, 네가 긁은 담에 또 스며나는 거야! 이렇게 철부지라구야 원!"

왕곰보의 꾸중은 전적으로 이치에 맞는 것이었다. 나는 수긍하는 수밖에 없었다.

이때 그 마음씨 착한 손 어머니가 좀 차근차근 가르치라고 왕곰보를 나무라며 나더러 이제부터는 너무 바싹 따르지 말고 댓 발자국 사이를 두고 따라가라는 것이었다.

그날부터 나는 그 일의 비결을 터득했으며, 속도도 빨라서 왕곰보가 아무리 빨리 나가도 지체하지 않을 수 있게 되었다. 남들이 하루에 유즙 두 통을 모으면 나도 두 통 모을 수 있었고, 지어는 두 통 반까지 모았다.

"헤헤. 잘해. 잘한다구. 조막만한 계집애라두 깔볼 게 아니여!"

왕곰보가 끝내 흔연히 웃으며 나를 칭찬했다. 그러자 옆에서 듣던 손 어머니가 왕곰보에게 걸고 들었다.

"왕곰보, 이 앤 내가 남겨뒀다는 걸 잊지 말라구. 얘가 아니면 자네 짝이 있나? 이젠 얘가 자란답게 일을 하니 자넨 양심이 있어야 돼. 얘 몫을 한 푼이라도 적게 줘서는 안 된다는 말이야. 알겠지?"

"예, 예, 알겠다구요……."

사흘째부터 왕곰보는 우리 둘의 소득을 절반씩 나누어 나에게도 한몫을 주는 것이었다. 기실은 명색이 절반이라지 내가 저울을 모르는 데다 저울질할 때 나한테 보여주지도 않으니 얼핏 보기에도 그의 몫이 내 것보다 많았다.

그 며칠 왕곰보와 일부 농공들은 아편을 달여내기만 하면 밥도 마다하고 뿔뿔이 그 꽃천을 드리운 아편굴로 찾아갔다. 거기에는 흡연도구가 장만돼 있고, 기생이 있어 시중들어 주었다. 아편굴들로부터 풍겨나는 아편 내음은 행인을 개끼게* 했고, 기생들의 애교질 소리는 사람들의 저주를 받

---

*개끼다 : 북한말. 갑자기 재채기를 하듯이 연거푸 기침을 하다.

았다. 왕곰보는 날마다 아편굴 출입이어서 당일에
번 것을 거의 다 그날로 피워버렸다.

나는 내 몫으로 받은 아편을 차곡차곡 모았다.
타래떡도 호떡도 바꿔 먹지를 않고 아껴 두었다.
아편이 바로 돈이라고 생각한 나는 그것을 모아서
항일유격대에 지원하고 오빠에게 신과 옷도 사주
리라고 작심했다. 그래서 나는 기뻤다. 사처(四處)
에 다니며 문예공연 등으로 모금을 하지 않고 나
혼자의 힘으로도 어른들처럼 돈을 벌 수 있었기
때문이다.

보통 아편 유즙걷이는 열이틀에서 보름 사이에
하는 일이었다. 아편 몽우리마다는 금을 여덟에서
열두 개 에어낼 수 있는데, 유즙 배출이 점점 줄어
들기 마련이었다. 어떤 몽우리는 늦되어 시일을
연장하게 했는데, 끝날 무렵의 며칠은 유즙을 한
통씩밖에 받지 못했다.

열흘째 일하는 날, 말 탄 사람 셋이 밭에 왔는데,
하나는 콧수염을 기른 일본 사람이고 다른 두 사람

은 각각 이씨와 김씨라는 통역관이라고 했다. 농공들의 말에 따르면, 세금을 받고 아편을 수매하러 왔다는 것이었다. 그들은 말을 타고 땅을 재인*다음 돌아갔다. 우리 농공들과는 상관이 없었다.

그들이 돌아가자 왕곰보가 나를 꼬집고 들었다.

"방금 두 조선 놈 봤지? 일본 놈의 큰 주구거든. 그러니까 넌 작은 주구 새끼지."

왕곰보의 이런 모함에 나는 너무 억울하고 분해서 이를 사려물며 울었다. 밭머리에 나와 쉬던 농공들은 모두 왕곰보를 꾸짖었다. 특히 손 어머니는 왕곰보 지껄이는 소리 여겨듣지도 말라면서, 쉴 참인데 〈일경 때〉라는 노래나 불러달라고 했다. 평소에 내가 항일가요를 이따금 흥얼거리면 농공들은 즐겼었다. 그렇던 그들이었으므로 손 어머니가 제의를 하자 모두 박수로 환영했다. 그래서 나는 울다가 웃으며 일어서서 노래를 불렀다.

---

*재이다 : '재다'를 구어적으로 이르는 북한말.

일경 때라 쪼각달*이 뜨자

왜놈이 쳐들어 우리 백성 죽인다.

국민당은 저항 대신 도망을 친다.

"아니, 요 죄꼬만 게 어데서 배웠게?"

"잘 부르네. 참 잘 불러."

"그 꼬맹이 보통 아니군……."

농공들은 너도나도 칭찬하였다. 그러자 손 어머니가 우쭐하여 자랑을 했다.

"이뿐인 줄 알으시우? 또 있지요. 애 소봉아, 몇 가락 더 불러제껴라!"

그래서 나는 〈빈농 사철 탄식〉이란 노래를 불렀다.

청산벽수 좋은 봄 우리 빈농은

농사 지어 살아가기 소원인데

뜻밖에 왜놈들이 쳐들어와

---

*쪼각달: '조각달'의 북한말.

살림살이 엉망이요 살아가기 어렵네.

닭 돼지 함부로 못 잡게 하면

제가 되려 임자를 때리네.

가난한 농민에게 이런 시름 얹히니

우리네 서러움 누가 알아주려나……

"얘가 정말 대단하군. 죄꼬만 게 어찌 대사를 다 아는 게요?"

"얘, 넌 대체 어데서 왔지?"

"너의 어머닌 왜 같이 안 왔니?"

"별걸 다 묻네? 어머니가 있으면 벌써 같이 왔지 뭐유!"

손 어머니가 농공들의 의논을 잘라버렸다. 그래서 나는 눈확에 괴어오르던 눈물을 참아내고 속으로만 어머니를 그리워했다.

그날부터 농공들은 자주 손 어머니와 내가 거처하는 토옥으로 찾아와 나의 노래를 들었으며, 나를 무척 귀여워했다. 농공들 속에 휘말려 지내니,

나는 내가 이미 자랄 대로 다 자라서 완연 농공의
일원이 되었다고 느꼈다.

이질에 걸리다

  하루는 땡볕 아래서 일을 하는데, 햇볕이 너무 찌는 듯 따갑고 땀을 뺄대로 빼고 나니 갈증이 나서 견딜 수 없었다. 마침 밭가에 옅은 우물 하나가 있었는데, 모두들 줄을 서서 그 우물물로 목을 축였다. 그래서 나도 그들 속에 끼어들어 그 물을 기껏 마셨다.

  그날 밤, 나는 위로는 토하고 아래로는 설사에 고열까지 나서 밤새도록 모대겨 이튿날 아침에 자리에서 일어나지도 못했다. 정신만은 말똥해서 일하러 나가야 한다고 생각을 했지만, 맥 빠진 몸이 말을 들어주지를 않았다. 내가 몸져누우니 제일 애가 단 사람은 왕곰보였다. 그는 나를 약골이요, 무골충이요 하며 푸념했다.

이날 밤 왕곰보가 나를 보러 와서 아편을 피워 보라고 권했다. 아편을 피우면 이질에는 제일 좋단다. 그는 담뱃대에 불을 달아주며 나더러 빨아들이라고 했다. 하지만 나는 도시 그 연기를 빨아들일 수가 없었다.

"넌 왜 연기도 못 삼키는 게냐? 그럼 아예 아편 연고를 마셔버려라."

왕곰보가 이렇게 제의하자, 손 어머니도 그러는 게 좋더라고 곁들었다. 왕곰보는 나더러 나의 아편을 내놓으라고 했다. 나는 바지 속에 꿰맨 주머니로부터 아편연고를 조금 뜯어내어 왕곰보에게 주었다. 그는 아편연고를 메줏콩알처럼 돌돌 뭉쳐주며 그걸 물로 삼키라고 했다. 나는 시키는 대로 했다. 잠시 뒤 나의 온몸은 나른해지고 나중에는 정신마저 아련해지며 지각이 없어졌다.

내가 깨어났을 때 이질은 멎었고, 목이 몹시 말

랐다. 나는 간신히 일어나 물을 마셨다. 몸이 다소 가뿐했다. 그런데 이상한 일이었다. 둘러보니 주위에는 사람 기척이 없었던 것이다. 나는 부지깽이를 주워 짚고 밖으로 나왔다. 밖에 나와 보니, 떡장사들마저 종적이 없었다.

"얘, 넌 여직 안 갔니?"

말소리에 돌아보니 밭지기 노인이었다.

"아범, 손 어머니랑 다 일 나가셨나요?"

"일이라니? 벌써 어제 모두들 집에 갔지……."

"예?!"

나는 깜짝 놀랐다. 내가 아마 연 이틀 동안 까무러쳤댔는 모양이었다. 참 몰인정한 사람들이랄까, 여하튼 다 가버리고 나 혼자만 남은 것이다. 어쩐담? 또 홀로 귀로에 올라야 할 판이다. 아차, 바로 이때 나는 문득 불길한 예감이 들어 양쪽의 바지주머니를 만져보았다. 아니나 다를까, 오른쪽 주머니가 비어있었다.

"어마나! 내 아편이 없어졌네?"

"그래? 잘 생각해보렴. 네가 숨겨둔 곳을 누가 아는지?"

아범의 말에서 나는 금시 그날 밤 왕곰보와 손 어머니 앞에서 아편연고를 뜯어내던 것을 상기하고, 도적놈이 누구라고 짚을 수 있었다. 그 도적은 손 어머니가 아니고 틀림없이 왕곰보일 것이다. 그는 내가 까무러친 동안 어느 틈에 훔쳤을 것이다. 어찌 보면 그는 일부러 꾸며서 한 짓이었다. 그런데 왜 오른쪽 주머니만 털고 왼쪽 주머니의 것은 훔치지 않았을까? 혹시 나를 불쌍히 여겨서일까? 아니면 그때 내가 모로 누워 왼쪽 주머니에는 손을 넣을 수 없어서일까? 나는 차라리 그도 최저의 양심이 있어서 그랬다고 믿고 싶었다.

아편연고를 숨겨두는 방법은 손 어머니가 가르쳐준 것이었다. 그래서 바지 안에 주머니를 꿰매고 아편연고를 납작하게 눌러서 십여 일 치를 숨겨왔으며, 그것으로 많은 일을 꿈꿨었다. 한데 그 절반을 잃었으니, 나는 분하고 가슴 아팠다.

밭지기 아범의 말에 따르면, 왕곰보는 아근*에 유명한 아편쟁이라고 했다. 원래는 그도 태평진에 유족한 가정을 두고 있었는데, 아편에 재미를 붙이면서부터 가산을 다 팔아먹고 아내마저 달아나버려, 떠돌이 홀애비로 전락했단다. 해마다 아편걷이 철이면, 무릇 아편밭이 있는 곳이면 그가 꼭 나타나는데, 그와 짝을 지으려는 사람이 없었단다. 이유는 그가 언제나 공평하지 못하기 때문이라고 했다. 듣건대 그는 토비질도 했었단다.

---

*아근: '부근'의 북한말.

귀로에서 개에게 물리다

나는 홀몸으로 귀로에 올랐다. 짐이라곤 헌 담요에 앞치마와 삿갓뿐이지만, 몸에 맥이 없어 걸음이 떴다. 왕해툰 근처까지 와서 나는 길가에 앉아 다리쉼을 하였다. 그런데 느닷없이 개 두 마리가 멀리 밭머리로부터 왕왕 짖으며 달려와 나에게 와락 덮쳐드는 것이었다. 혼비백산한 나는 두 손으로 얼굴을 싸쥐며 사람 살리라고 고함쳤다. 손목과 귀는 이미 개에게 물리었다. 그러자 누군가 개를 부르는 소리가 들렸고, 나는 지각을 잃고 말았다. 아픔에 못 이겨 깨어났을 땐 벌써 해가 기운 오후였다. 내 손목과 귀에서는 그냥 피가 흘렀다.

눈은 피에 젖어 흐려졌다. 나는 아버지, 엄마를 부르며 울었다. 주위는 아무런 반응도 없었다. 나는 울며불며 길을 걷는 수밖에 없었다. 오래잖아 대통로에 올랐고, 그다음은 왕해툰 장벽 밑에 이르렀다.

"넌 어데서 온 계집애냐?"

누군가의 물음 소리에 머리를 돌려 보고 나는 가슴이 떨렸다. 나의 면전에는 손에 낫을 든 중년 사내가 서 있었던 것이다.

"왜 이 모양이지? 누구한테 맞안?"

"아니에요. 개가 물어…….."

나는 울음이 나와 말끝을 사리지 못했다.

"오, 울지 말어. 너희 집은 어데지?"

그의 말은 산동 사람 말투였다. 나는 집이 멀지 않고 집엔 나 혼자 살고 있으며, 지금은 품팔이 갔다가 돌아오는 길이라고 그의 모든 물음에 대답했다. 대답을 듣고 꺼지도록 한숨을 쉬던 그는 나를 집에까지 업어다주겠댔다.

"싫어요. 날 업어다 팔아먹으면 어쩌려구요."

"허허, 깜찍한 계집애군. 너희 마을에 내 아는 사람 있으니 안심해라."

"누굴 아세요?"

"이석원이란 분이다."

"예? 저의 아버지가 이석원인데요?"

"응? 네가 이석원의 딸애냐? 참 바로도 만났구나. 난 네 아버지의 친구다. 자, 어서 내가 업어주마!"

나는 안심하고 그의 등에 업혔다.

그는 탕원현의 특파원 왕영창인데, 안방하구에 파견돼 오는 길이었다. 내가 그의 등에 업혀 울면서 여태껏 있던 일을 얘기하자, 그도 가슴 아파 눈물을 흘리었다.

돌아왔을 때 집에는 임 목수의 부인 감병선 어머니가 계셨다.

왕병창은 나의 상처가 중하니 어서 의사를 찾아 치료해야 한다고 했다. 감병선 어머니는 하서촌에 한의가 있기는 한데, 병 보일 돈이 없다고 걱정했다. 왕병창은 우리 집의 소를 보더니, 우선 소를 저당잡히고라도 치료하고 보자는 것이었다.

"이 소는 공가(公家)의 것인데…….."

"그건 제가 책임지고 조직에 실정을 보고하겠습니다."

"그렇다면 얘는 치료 받을 수 있지요."

왕병창은 감병선 어머니와 상의한 끝에 나를 데리고 소를 끌고 한의 왕씨 댁을 찾아갔다.

"왕 선생, 우린 이 소를 저당잡히겠으니 얘의 상처를 치료해주십시오. 완쾌되면 소를 드리고 치료해내지 못하면 소를 되찾아가겠습니다. 되겠습니까?"

왕영창이 이렇게 터놓고 얘기하니 상처를 깐깐히 살펴본 왕 의사는 혼잣말처럼 중얼거렸다.

"상처가 중합니다. 깊이 물리고, 귓바퀴는 관통상을 입어놔서 꼭 치료해낼 수 있다고 담보하기 어렵습니다…….."

"그건 선생께 달렸지요. 어쨌든 우린 얘를 맡기 겠으니, 알아서 처리하시우!"

왕영창의 말은 명령조였다.

"치료는 해보겠습니다만, 그 개들이 혹시 미친 개는 아니었는지 몰라서……."

"그럼, 아예 미친개였다고 치고 치료하시우!"

왕영창의 분부가 이러하니 왕 의사는 그런 치료 방안이면 보통 다 백 일이 걸려야 완쾌할 수 있는데, 그 백 일 동안 상처가 아물어 붙지 못하게 하는 개방성 치료로 독물이 충분히 흘러나오게 한다고 말했다. 만약 독이 골수로 퍼지면 구원할 수 없다는 것이었다.

백 일 동안이나 치료를 해야 한다니까 왕영창은 왕의사와 재차 상의하여 큰 소 대신 송아지를 저당잡혔다.

나는 지루하고 진저리 나는 치료를 받기 시작했다. 제일 아프고 제일 참아내기 어려운 것은 날마다 독을 뽑는다며 쑥으로 뜸질하는 것이었다. 사흘에 한 번씩은 또 상처가 아물지 못하게 한다며 상처에다 붉은 가루약을 뿌렸다. 나는 날마다 아파서 엉엉 울며 꼬박 백 일을 고생했다.

연래진으로 소산되어 부두의 운반공 신분으로 은신했던 아버지가 문병하러 오셨다. 아버지는 눈물을 흘리셨다. 내가 두 번째 보는 아버지의 눈물이었다. 아버지는 어머니를 일찍 잃고 아버지의 슬하에도 있지 못하는 내가 너무 가엾다고 가슴 태우셨다. 아버지의 처지와 고충을 다 헤아리고 있던 나는 아버지의 품에 꼭 안겨 울면서 팔소매로 아버지의 볼에 흘러내리는 눈물을 씻어드렸다.

백 일의 치료를 받고 나는 완쾌되었고, 송아지는 치료비로 왕의사에게 주었다.

하몽림의 무장을 탈취

1935년 가을이었다. 하루는 내가 여느 때처럼 밖에 나가 행여나 오빠가 돌아오지 않을까 해서 서쪽 언덕바지의 수풀 쪽을 바라보는데, 그 수풀로부터 한 사나이가 나타나는 것이었다. 그는 중키에 조포(造布)*옷을 입고 전모(氈帽)**를 썼으며, 손엔 낫을 들었다. 수풀로부터 나선 그는 잠깐 사위를 둘러보더니 곧장 우리 집을 향해 오는 듯했다. 나는 그가 수상해 보여 방으로 달려와 감병선 어머니에게 아뢰었다. 이때 집에는 나와 감병선

---

*조포: 함경북도에서 나는 베의 하나.
**전모: 모직물로 만든 모자.

어머니 둘만 있고, 임 목수와 내 아버진 안 계셔서 우리 둘은 겁이 났다.

"이 집이 이씨 댁입니까?"

어느새 그가 다가와 문을 두드렸다. 그는 우리 아버지나 오빠를 찾는 것이었다. 그가 도무지 뭘 하는 사람인지 가늠할 수 없던 나는, 아예 모르쇠를 박고 따돌리려고 작심했다. 그래서 나는 문에 빗장을 지르고 우린 이씨가 아니니 하동에 가보라고 돌려댔다.* 감병선 어머니도 이 집은 임씨네라고 덧붙였다.

"그렇다면 여기가 이운봉이네 집이 아니라는 겝니까?"

뜻밖에 그는 오빠의 이름을 댔다. 나와 감병선 어머니는 흠칫 놀랐다. 우리는 그를 우리 아버지와 오빠를 찾는 밀정이리라고 짐작했다. 나보다는 담대한 감병선 어머니가 문을 열고 나가 우린 이운봉이 누군지 모른다고 딱 잡아뗐다.

---

*돌려대다 : 북한말. 방향을 바꾸어서 다른 쪽으로 향하게 한다.

"그렇습니까? 이운봉이가 편지도 보내던데……."

"편지? 아, 아니, 아니……."

오빠의 편지라는 말에 나는 그만 귀가 번뜩 뜨이어 입단속을 잊고 실수를 할 뻔했다가 입을 다물었다.

"그럼 편지를 돌려줘야겠군."

그는 빙그레 웃으며 우리 둘의 동정을 살폈다.

"저의 오빠가 지금 어데 있어요?"

나는 오빠가 너무 그리워 더 참을 수가 없었다.

"너의 오빠가 누군데?"

"이운봉이지요, 뭐."

"하하. 이운봉이를 모른다더니……."

그는 기꺼이 웃었다. 우리도 따라 웃었다.

이때 우리 아버지와 왕영창 아저씨가 돌아왔는데, 그들은 서로 반가이 악수를 하는 것이었다. 찾아온 길손은 원래 왕영창 아저씨와 함께 일하러 온 탕원현위의 특파원 양 아저씨(본명은 송내진, 조선족)이었다. 나이가 스물다섯이라는 그는 민둥머리에 전모를 써서 한족 농민 차림을 했었는데, 그의 손과 피부로 보아서는 농민답지를 않았다. 그래서 우리는 더욱 의심했댔다.

그들은 방에 들어가 회의를 했다. 이 회의에서 우리 아버지 이석원을 구위서기로, 김태우를 구 여성연합회 주임으로, 임춘식을 구위선전부장으로 임명하고, 양 아저씨와 왕영창이 각각 조선촌(그때 모두 9개)과 한족촌의 군중공작을 맡게 했다.

이튿날 양 아저씨가 당, 단원 간부회의를 소집하여, 현위의 지령에 따라 탕원유격대가 내일 마을에 들어온다고 선포했다. 탕원유격대는 안방하구에서 완달산을 중심으로 유격투쟁을 벌일 것이라며, 양 아저씨는 간부들이 군중을 조직하여 유격대를 지원하고 유격대에 잘 배합할 것을 부탁했다.

이건 온 마을이 들썩하는 기쁜 소식이었다. 그 협신자 사건에서 실패한 뒤로부터 항일활동은 1년 넘도록 지하에 잠복되어 농민들은 오랫동안 소침해 있었는데, 이제 유격대가 돌아온다니 의기양양

하지 않을 수 없었다.

유격대를 맞이할 준비사업은 모두의 열성 속에 진행되었다. 우리 아버지와 왕영창은 일부 장골들을 거느리고 논에 나가 조숙한 벼를 골라 베어다가 탈곡을 했고, 여성들은 절구로 쌀을 빻았으며, 어떤 사람들은 찹쌀로 새하얀 찰떡을 쳤다. 비록 큰일을 할 수 없는 나였지만 심부름만 해도 열심히 뛰어야 했는데, 똑 마치 설날의 기분이어서 흥그러웠다. 더구나 오빠가 오면, 이번엔 나를 데리고 갈 수도 있을 것이라고 생각하니, 가슴이 더 죄었다. 그래서 당장이라도 참군(參軍)할 것만 같아 사상준비를 했다.

이번에 안방하로 오게 된 유격대의 첫째 목표는, 그곳에서 유명한 한간(漢奸) 하몽림의 자위단을 치는 것이었다.

유격대는 어슬막에 마을에 진입해서, 이튿날의 진공(進攻) 노선과 방법을 주밀하게 연구, 채택하느라고 밤새도록 회의를 했다. 이튿날 아침, 대홍

빈(한족)이 대장이고 서광해가 정치부 주임이며 조선족 배경천·황룡길·조상규 및 한족 서호두 등으로 짜인 이 유격대는, 모두 일본 군대로 변장을 했다. 일본 군복, 일본 장화, 일본 모자, 일본 총, 일본 스프링에 흰 수갑까지 그럴듯이 차렸으며, 장교로 분장한 서광해는 색안경까지 걸었다.

이 가짜 일본군은 먼저 안방하 버들방천에 숨어서 시기를 기다렸다. 여성과 아동단이 그들에게 먹을 것과 물을 날라다 줬다. 오후 네댓 시에 그들은 일본기를 들고 태연자약하게 하몽림의 성문에 이르렀다. 장교로 분장한 서광해가 일본말을 하고, 통역으로 분장한 배경천이 통역을 했다.

"황군이 하몽림과 상의할 요사(要事)가 있다!"

문지기 병졸은 제꺽 경례를 올려붙이며 공손히 대문을 열어주었다. 성문에 들어서니 벌써 작은 두목 여럿이 달려 나와 인사를 했고, 두 번째 대문에 들어서니 하몽림이 나와서 맞이하는 것이었다.

"대황군이 모처럼 오셔주시니 하모는 삼생연분

(三生緣分)인가 하옵니다. 어서 드십시오, 어서."

대오는 뜰에 남고 서광해와 배경천이 하몽림을 따라 방에 들었다. 그들은 방에 들자 인사를 나누는 척하다 말고, 하몽림의 총을 빼앗았다. 잇따라 내외 호응으로 자위단의 무장과 마필을 쉬이 탈취했다. 유격대는 모두 말을 타고 완연 일본 기병대 오가 되어 하몽림을 압송해 완달산의 칠성봉으로 갔다.

뒤에 이 유격대는 칠성봉을 후방기지로 삼고 집현·화천·화남·보청·부금 등의 유격 근거지를 개척하며 대오를 확대했다. 마지막에 그들은 항일연군 제6군 1사에 편입되었다.

항일삐라를 찍어내며
선전대로 전선을 지원하다

1935년 가을, 서광해, 대홍빈의 유격대가 하몽림 자위단의 무장을 빼앗아 칠성봉으로 들어간 다음, 그들은 자주 사람을 보내어 사업 연계를 했다. 유격대의 승리와 대오의 확대는 군중에게 희망을 주었으며, 정서를 격화시켰다. 이는 항일선전의 좋은 기회였다.

항일선전을 강화하기 위하여 우리 항일구국아동단은 항일삐라 살포임무를 떠맡았다.

임 목수가 선전판을 만들고 양 아저씨가 선전내용을 짜면, 나와 임덕준이 무 움 속에서 등잔불을 켜놓고 밤에 낮을 이어 찍어냈다.

찍어낸 삐라들은 우리 아동단원들이 집현진·사강·복리툰·소가전 등지에 뿌렸다. 가고 오는 길엔 식량이나 채소 나르는 농민들의 우차나 마차 신세를 졌다.

그해 음력 동짓달의 어느 날, 우리는 내 아버지가 모는 우차를 타고 집현진에 가서 서쪽 끝으로부터 동쪽 끝까지 동정을 살펴본 다음 끼리끼리 삐라를 붙이기 시작했다. 그때 함께 간 애들은 임영식·장운봉·임덕준 등인데, 모두 큰 솜저고리를 입고 품에 삐라를 감췄다. 우리 몇은 둘씩 짝을 지어, 하나는 풀칠을 하고 하나는 삐라를 붙였다. 나는 장운봉과 짝을 지었는데, 우리 둘이 십자길 어구에 이르렀을 때 맞은 편으로부터 병졸 둘이 걸어왔다. 나는 가슴이 활랑거렸지만, 가까스로 진정하며 장운봉과 우스개를 해서 놀러다니는 애들인 척했다. 병졸들은 아무 의심 없이 지나갔다. 그들이 멀리 사라지자, 우리는 십자길 양 편의 벽들에 삐라를 붙이고 재빨리 자리를 옮겨 사진관 앞에 이르렀다. 때는 벌써 어둠이 깃들어 사진 찍으러 드나드는 사람이 없었다. 그래서 우리는 사진관의 벽에 삐라를 붙였는데, 내가 풀칠한 자리를 잘못 보고 붙였는지, 아니면 장운봉이 풀칠을 잘 하지 않아선지 삐라가 붙질 않고 땅에 떨어졌다. 그래서 다시 붙이려는데 북대명 쪽으로부터 병졸 여럿이 몰려오는 것이었다. 나는 삐라가 떨어진 것이 다행이라고 생각하며 쭈그리고 앉아있다가 그들이 지나간 다음 삐라를 다시 붙였는데, 역시 붙지 않았다. 그런데 남쪽의 요릿집 방향으로부터 또 병졸들이 몰켜* 오기에 그들이 방금 지나갔던 병졸들인가 싶어 여인숙 쪽으로 몸을 피했다.

이렇게 숨고 피하고 하다보니 나는 장운봉과 갈라졌고, 그를 찾을 수도 없었다. 풀칠을 맡은 장운봉이 없으니 삐라를 붙일 수 없게 되었다. 그래서 나는 아예 삐라들을 여기저기에 뿌리면서 맨

---

*몰키다 : 북한말. 한곳에 빽빽하게 모이다.

서쪽 끝에 있는 최수림(한족) 댁에 찾아갔다. 오래 잖아 장운봉도 찾아왔다. 최수림은 여기 헌병대 에 파견된 지하공작자였다. 최수림의 부인은 우 리를 반갑게 맞아주었다. 우리는 뜨끈뜨끈한 옥 수수죽을 양껏 먹고 그 집 온돌방에서 잠을 잤다. 온돌이 뜨거워 잠이 잘 들지 않았다. 그래서 그날 하루 동안 있었던 일들을 떠올리다가 나도 모르 게 잠들었다.

그날 밤 임영식이랑은 장도금이란 분의 댁에 들 었는데, 장도금은 집현진에서 조선민회 회장의 명 의로 지하공작을 하는 분이었다.

이튿날 온 집현진이 떠들썩하였다.

"간밤에 항일군이 입성해 숱한 곳에 삐라를 붙 였대."

"항일군이 이미 집현진을 점령했는지도 몰라."

삼삼오오 모여서 의논하는 사람들은 제 눈으로 본 것처럼 신비하게 얘기했다.

그들이야 어찌 알았으랴. 그것이 우리 항일구

국아동단 꼬마들의 소행이었음을! 사람들의 분분한 의논을 듣고 몹시 기뻤다. 우리는 이처럼 경천동지(驚天動地)할 일을 한다고는 생각을 하지 못했었다.

아침에 마음씨 착한 최 부인은 우리에게 수수밥과 당면을 넣은 김치찌개를 끓여주어 맛있게 먹었다.

아침을 먹은 뒤 최수림 아저씨는 나의 양아버지와 매 경리가 모두 집현진에 살고 있으니, 양아버지만은 찾아뵙는 게 좋겠다고 나에게 제의했다. 1934년의 협신자 사건 뒤, 양아버지랑이 성내로 들어서부터 한 해 넘도록 만나 뵙지 못했었다. 그래서 내가 나도 뵙고프다고 하니, 최 아저씨는 만나 뵙고 인사를 올리면서, 그들의 반응을 들어보라는 것이었다. 만나서는 절을 올리며 문안해야한다는 예절도 가르쳐주었다.

나는 최 아저씨가 사준 과자함을 선물로 들고 양아버지네가 사는 집을 찾아갔다. 그들이 사는

집은 서향(西向) 초가집이었다. 문을 열고 들어서
니 한 노인이 중간방에서 문을 지키며 누굴 찾느
냐고 묻는 것이었다. 내가 양아버지를 찾는다고
하니 그가 곁방문을 가리켰다. 그 방에 들어 보니
낮고 좁은 방에 내 양아버지가 홀로 앉아있었다.
그에게 절을 올리며 그동안 무척 그리웠다고 인사
를 드렸다. 그런데 양아버지는 나를 딸이라고 부
르지도 않고 방에서 일어나지도 않으며 그저 덤덤
하게 왔느냐, 컸구나, 앉아라 하는 몇 마디가 고작
이었다.

온돌가에 앉자 묵묵부답으로 한참이나 나를 바
라보던 그는, 나직이 물었다.

"작년 정월달의 그 협신자 사건에 네 오빠는 껴
들지 않았지?"

이 당돌한 물음에 나는 얼굴이 화끈 달아오르며
무어라고 대답해야 할지 방도가 서질 않았다.

"음, 무서워 말어. 알겠다."

양아버진 이렇게 말을 떼더니 밖을 내다보고 사

람이 없자 말을 이었다.

"오늘 거리에서 있었던 사단 너도 들었느냐?"

이 물음이 또 나를 궁지에 빠져들게 했다. 금시 가슴이 툭툭 뛰고 얼굴이 달아올랐다. 과연 어린 가슴엔 무엇을 숨기기가 어려웠다. 그 어진 분 앞에서 차마 거짓부리 할 수는 없었지만, 아동단원으로서 비밀을 누설할 수는 더 없었다. 그래서 나는 최 아저씨께 대충 들었다고 떼어붙였다.

나의 고충을 헤아릴 수 있어선지 양아버지는 화제를 돌려 우리 아버지는 잘 계시는가를 묻고, 이제 며칠 뒤엔 봉천(지금의 심양)에 돌아간다고 했다. 그러고는 앞으로 언제 다시 만날 수 있을지를 모르겠으니 함께 사진이나 찍자고 제의했다.

우리는 십자길 근처의 사진관으로 갔다. 집현진 유일의 사진관이었다. 문 어구에 이르자 간밤에 풀칠한 자리가 첫눈에 띄었다. 나는 가슴이 덜컥하여 고개를 숙이고 사진관에 들어섰다. 손님은 우리 둘뿐이었다. 사진사는 우리를 반겨 맞으며 자세를 잡아주었다. 그래서 양아버지가 의자에 앉고 내가 뒤에 서서 태어나서 처음으로 찰칵하는 사진 한 장을 찍었다. 나는 몹시 기쁘면서 또한 초조했다. 사진에 박힌 내 몰골을 바로 보지 못함에 애타서였다.

사진을 찍은 다음 나는 최 아저씨 댁으로 돌아와 경과를 보고했다. 최 아저씨는 간밤의 일을 누구에게도 말하지 말라고, 최 아저씨네 집에 묵었다는 말도 하지 말라고 당부했다.

우린 최 아저씨와 작별하고 휘몰아치는 서북풍을 헤가르며 귀로에 올랐는데, 집에 와 닿을 땐 볼이 얼어 말도 할 수 없었다. 하지만 마음은 기뻤다. 꼬마 아동단원이지만 항일구국의 큰일을 했다는 긍지감에서였다.

선전대의 집중훈련

원래는 1932년에 오동하촌에서 항일구국선전
대를 설립했는데, 1934년의 협신자 사건으로 하
여 골간이었던 윤석창·이운봉·이종옥·이종산·
이귀학·박경두·진병조·장재영(장현정) 등이 모
두 탕원유격대에 참군한 까닭에 그 뒤 일 년 반 동
안은 선전대 활동이 중지되었다.

그러다가 양 아저씨(송내진)가 안방하구에 파견
되면서부터 다시 선전대를 조직했다. 원래 오동하
선전대 성원이었던 애들을 골간으로 하고, 딴 애
들을 받아들여 본대원 여남은 명에다 임시대원까
지 도합 열대여섯이었다. 나이는 제일 큰 애가 열

다섯 살, 제일 작은 애가 여섯 살, 문화수준은 최고가 소학교 4학년, 다수가 2, 3학년 정도였는데, 나머지는 문맹이었다. 새로 받아들인 애들은 본인이 원하고 부모가 동의하며 정치심사에 문제가 없는 애들로서, 우선 일부 임시 활동에 들여 지켜본 다음 한둘씩 입대시켰다.

대원들의 고르잖은 소양을 높이기 위하여, 선전대는 비정기적인 집중훈련을 했는데, 학습과 훈련의 내용은 다음과 같았다.

1. 정치과 학습 : '9·18 사변' 이래 일본의 침략 죄행 및 항일의 중대한 의의를 강의함.

2. 문화과 학습 : 주로 노래책을 교과서로 삼고 먼저 노래 한 곡을 배운 다음, 가사의 글과 뜻을 익힘. 그 글자와 뜻을 쓰고 읽고 암기할 수 있을 때까지 거듭 불러야 함.

3. 무용과 학습 : 주로 조선춤과 양걸춤의 보법을 배우며 연극표현도 배움.

정치과와 식자과(識字課)의 교원은 양 아저씨였고, 노래와 춤의 교원은 원래 오동하 모범학교의 음악 교원이던 장영화였다.

학교엘 다녀보지 못한 문맹 애들은 글 익히기가 아주 어려웠다. 우리 조선 애들은 한문에 한글로 토를 달아 외울 수 있었는데, 한족 애들은 그럴 수 없으니 글자마다에 무슨 짐승을 그리거나 부호를 달아서 익혔다. 보통은 매일 20~30자씩 가르치고 많이는 백여 자씩 가르쳤는데, 노래로 부를 때만은 곡의 흐름에 따라 글자를 발음할 수 있었지만, 그것들을 하나씩 집어내놓으면 얼떠름해지기가* 일쑤였다.

어떤 애들은 교원도 저도 아무리 애를 써도 글자를 익히지 못해 골치가 아팠다. 장학문이라는 여덟 살 난 사내애가 바로 그런 애였다. 이름만은 학문이라고 지었지만, 공부는 전혀 받아들이지를 못하는 유별난 애였다. 그래서 동무들이 그에게

---

*얼떠름하다 : 북한말. 좀 얼떨떨한 데가 있다.

까마귀라는 별명을 붙여 놀리니까, 그는 화를 내며 집에 가겠다고 고집을 부렸는데, 이 선생님이 말려도 듣질 않았다. 이 선생님은 나더러 그를 타일러보라고 했다.

나는 장학문을 찾아서, 이제 훈련을 마치고 나면 함께 나가 돌며 선전공연을 할 텐데, 그게 얼마나 장하고 좋은 일인가 하고 말을 뗐으나, 그는 씨근덕거리며 반발적으로 몽둥이를 휘두르며 나를 때리려고 하는 것이었다. 우리는 그의 옹고집을 돌려세울 수가 없어 돌려보냈다. 왕영창 아저씨가 화력툰의 그의 집에 데려가니 여성연합회 간부인 그의 어머니는 몹시 애타하며 집에서 잘 타이르겠으니 선전대에서 제명하지 말아달라고 사정을 했다는 것이다. 그 뒤 양 아저씨와 이 선생님은 장학문을 다시 불러와 그에게 연헌물자 관리책임을 지웠다.

식숙 등 관리의 곤란으로 선전대의 집중훈련은 반달밖에 못하고, 그다음은 각 촌에서 골간(骨幹) 하나씩을 파견하여 노래 몇 수씩 배워다가 본촌에 가르치게 하는 방법을 썼다.

집중훈련을 거친 뒤 선전대원들의 소양이 높아졌고, 문예프로도 적잖이 준비되었으므로, 우리는 선전공연 활동을 시작했는데, 이르는 곳마다 군중의 칭찬을 받았다.

그 뒤 양 아저씨가 합동지구위원회의 서기로 임명되어 갔고, 장영화 선생님과 장재만 아저씨가 아동단과 선전대를 지도했다. 양 아저씨는 1938년에 체포되었는데, 하얼빈에서 피살된 5백 열사의 하나였다.

1936년 가을부터는 류충민이 부금현위 서기가 되고, 왕영창은 수빈현위 서기가 되어 갔으며, 부금현으로 특파원 조명구가 왔다.

류충민이 부임해서는 안방구 구위와 협동하여 우리 집에서 수차 회의를 소집하고 회보(會報)를 했다. 그때 회의에 참석한 분들로는 이석원(구위서기)·이문호(민운부장)·김대우(구 여성연합회 주임)·임춘식(무장부장 겸 조직부장)·장재중(한족공작 책임

자) · 장재만(청년공작 책임자) · 이인근(아동공작 책임
자) 등이었다.

류충민 서기는 아동단 선전대를 매우 중시하며
선전연헌 활동을 열심히 하라고 지시했다. 그는
우리의 대부대가 이미 완달산에 와서 활동하고 있
는데, 대량의 물자가 지원된다고 하였다. 또한 그
는 친히 첫 번째 지점을 정하고 몸소 우리 집에 두
고 있던 소에게 수레를 매달아 선전대원들을 실어
다 주었는데, 그곳이 바로 장학문네 집이 있는 화
력툰이었다.

화력툰은 썩 늦게 선 수전툰이다. 그것은 왕운
각이라는 중국 군인이 장 아무개라는 조선 사람
의 처제를 첩으로 받아들이면서, 장 아무개와 손
을 잡고 큰 수전농장을 개발하기로 하고, 양수림
촌 · 합달밀촌 · 초전자툰 등의 조선 농호들을 모
집하여 세운 것이다. 마을의 인구에 조선 사람이
절대다수를 차지하니, 화력툰이라는 이름 외에 고
려툰이라는 이름도 가지게 되었다. 화력툰이라는

이름은 그때 농촌에선 보통 다 축력(畜力)으로 밭
갈이를 했댔는데, 왕운각만은 뜨락또르*를 사들
여 밭갈이를 하게 한 데서 지어진 것이다.

이 화력툰은 연속 풍년이 들어 그곳 농민들의
살림이 넉넉한 축이었다.

우리 선전대가 화력툰의 탈곡장에 자리를 잡자,
온 마을의 남녀노소가 다 모여왔다.

"여러분, 우리 소년 항일선전대는 항일의 목적
으로 여기에 공연하러 왔습니다."

선전대의 책임자가 이렇게 선포하고 내가 선전
공연의 서두를 뗐다.

"할아버지, 할머니, 아저씨, 아지미, 전방의 항
일군은 영용(英勇)히 싸웁니다. 우린 모두 한맘으
로 항일군을 지원하여 왜놈들을 이 땅에서 몰아냅
시다!"

그다음은 춤과 노래가 이어졌다.

이 마을 농민들의 열성은 매우 높았다. 공연 도

---

*뜨락또르: '트랙터'의 북한말.

244

중에 모두들 햅쌀을 한 대야씩 담아와서 항일군에 보내라고 부탁했다.

우리 선전대의 연헌물자 책임자는 앞에 말했던 그 여덟 살 남자애 장학문이었는데, 농민들이 가져오는 입쌀이 너무 많아서 감당하기 어려웠다. 두 손으로 마대 아구리를 벌리고 서서 연속 쌀을 받아들여야 하니 옴짝할 수 없었던 것이다. 그는 허리를 접어 넘기는 새 솜바지를 입고 헝겊 오리를 띠로 매었었는데, 어느 결엔지 그 띠가 풀려 바지가 훌렁 벗어지며 볼기가 불쑥 드러났다. 하지만 그는 손을 떼어 바지를 추어 입을 겨를이 없었으며, 쌀을 받아들이기에만 골몰하여 그대로 버티고 서서 일을 했다. 그의 이처럼 높은 열성과 강한 책임감은 모두의 웃음 속에 찬양을 받았다. 누군가는 그에게 즉흥적으로 우스개 몇 마디를 엮어줬다.

고집통 장학문, 노래 춤은 안 배우고
연헌물자 관리에 바지 출 새 없었네.

볼기가 얼도록 책임지는 그 정신

항일군을 지원할 굳은 결심 가졌다네.

  그날 받은 쌀은 장운봉 아저씨가 차에 실어 그
밤으로 칠성봉과 쌍압산 밀영에 가져다 주었다.

  이날 밤, 외촌에서 온 우리 몇은 이병옥 아저씨
네 집에서 잤는데, 밤중에 급작스레 울리는 총소
리에 놀라 깨어났다. 또 총소리가 연방 나더니 누
군가 문을 두드려댔다. 이병옥 아저씨와 그의 부
인 김신덕 아지미는 후들후들 떨면서 등잔불을 켜
고 문을 열었다. 우리 몇은 한구석에 쭈그리고 숨
어 있었다. 밖으로부터 서슬찬 사람들이 욱 쓸어
들었다.* 그들은 모두 검은 옷을 입고 여우털 모자
를 썼으며, 외투를 걸친 사람도 있었는데, 모두 살
기등등했다. 그 가운데 한 사람이 총을 받쳐 들고
주인이 누구냐고 물었다. 이병옥 아저씨가 손을
들며 나서자 그들은 가타부타 말도 없이 이병옥

---

*쓸어들다 : 북한말. 한꺼번에 마구 몰려들다.

아저씨를 잡아갔다.

그들은 마을에서 사람 십여 명을 붙잡았는데, 마침 장운복은 쌀을 싣고 밀영으로 떠난 다음이어서 그 대신 갓 여섯 살인 그의 아들 장재문을 인질로 묶었다. 또 식량을 빼앗으면서 항일한다는 구실을 걸었다. 항일군에 이미 쌀을 헌납했다는 농민들의 말에 그들은 그건 탕원유격대고 저들은 명산유격대라는 것이었다. 뒤에야 알고 보니 명산유격대라는 것은 '산림대'라는 무소속 민간무장이었다.

십여 명의 사람을 붙잡아간 그들은 만약 식량을 실어다주지 않으면 모두 죽여버리겠다고 기별해 왔다.

그때 항일연군 제6군 1사 6사단의 정치부주임 이운봉이 부대를 거느리고 완달산의 칠성봉 밀영(독립사 기지)에 왔는데, 마침 갇혀있는 농민들을 발견했다. 그들은 모두 안방구의 한족과 조선족 농민들이어서 이운봉을 잘 알고 있었는데, 뜻밖에 만나니 모두 희색만면했다. 이운봉은 즉시 책임자를 찾아 소통을 해서 갇힌 사람들을 다 풀어줬는데, 그들은 조선 사람 8명, 한족 둘과 여섯 살짜리 어린애 장재문이었다. 장재문은 지금 66세로, 가목사시에 살고 있다.

산림대의 강탈사건은 항일군에 아주 나쁜 영향을 끼쳤다. 농민들이 산림대의 이해되지 않는 행실을 보고 항일군에 의심과 공포심을 가지게 된 것이다.

류충민 서기는 농민들의 우려를 풀어주기 위하여 각 마을에 다니며 항일구국회 골간분자회의를 소집하여 항일국세를 객관적으로 해석하고, 설명했다.

그때 진정 항일의 목적으로 대량의 물자지원과 인원확충이 필요한 부대는 항일연군 6군 1사와 3군 독립사, 그리고 새로 편성된 항일부대들이었다.

우리 선전대는 여러 형식으로 물자와 군인 모집을 하라는 류충민 서기의 지시에 따라 쌍압산 탄광, 안방하툰, 합달하 등에 내려갔는데, 가는 곳마다 열성적인 호응을 받았다.

"이렇게 죄꼬만 애들이 나라를 위해 동분서주

하는데 우리가 어찌 수수방관할 수 있겠습니까?"

모두들 이렇게 말하며 지원물자를 헌납했다.

그다음은 류충민 서기를 따라 유세발툰이라는 곳에 갔는데, 우리 일행을 보자 농민들은 일손을 놓고 자동으로 우리를 에워쌌다. 그날은 음력 동짓달 열엿새였는데, 맑게 개고 몹시 매짠 날씨였다. 우리가 추위를 무릅쓰고 선전공연을 하자 농민들은 여러 가지 지원물자를 바쳤는데, 주로 강남쌀·수수쌀·좁쌀이었고, 쌀이 없는 사람들은 엽초·장물콩말림·가지오가리 등 건채를 바쳤으며, 헝겊신이나 울라신을 바치기도 했다. 모두들 전선을 지원하려는 하나의 마음이었다.

농민들의 열성에 감화되어 우리의 공연도 더 흥겨웠다. 그래서 날씨가 매짰지만, 우리의 몸에선 더운 땀이 흘렀다.

우리의 공연이 활기차게 진행되는 도중에 보초선으로부터 달려온 장운봉이 동쪽에서 적의 기병대가 온다고 보고했다. 우리는 선전공연을 멈추고 류충민의 지휘에 따라 긴급철거를 했다. 본촌의 장옥춘만 떨궈두고 이영식·장운봉 등 그 나머지는 류충민이 데리고 북으로, 장재만·윤순희·손봉금 등은 동으로, 조명구가 우리를 데리고 서남의 필가산으로 갔다. 눈보라 속에서 힘 다해 달려 완달산 서북의 필가산에 이르렀다. 필가산의 남쪽으로는 칠성봉의 항일연군 후방기지에 오를 수 있었다. 그런데 이미 날이 저물어 더 갈 수 없었다.

산 아래를 내려다보면 점점의 등불 빛이 반짝였다. 우리는 그 불빛을 찾아 내려갔다. 그곳은 크지 않은 마을이었다. 마을 어구의 한 농가를 찾아갔다. 조명구가 주인에게 우린 태평진 사람인데 하룻밤 폐를 끼치련다고 말하니, 주인은 반가이 맞아들이며 강낭죽과 짠지로 저녁까지 먹여주었다. 식후 우리는 부엌에서 젖은 신을 말리고 조명구는 주인과 이야기를 나누었는데, 주인의 말에 따르면 근간 마을에는 몽둥이 팀이라는 것이 조직돼서 항일연군과 내통하는 사람을 수색한다는 것이었다.

이윽하여 마당에 거친 발자국 소리가 나더니 누군가의 호령이 들렸다.

"지금 한 무리 선전대 애들이 도망을 쳤다는데, 누구나 발견하면 즉시 보고하시오!"

우리는 화뜰 놀라며 소스라쳐 뒷문 밖의 헛간으로 몸을 피했다.

밖의 사람들이 방에 드는 소리가 났다. 방금 저녁식사를 해서 밖의 사정을 모르고 있었다는 주인의 말소리도 들렸다.

"이 신은 누구 건데?"

그들이 부엌에서 젖은 신을 발견한 것이었다. 주인은 좀 주밋거리다가 그 신은 자기 처남의 신이라고 대답했다. 이때 조명구가 나섰다.

"그 신은 내 겝니다. 한데 젖은 신을 말리는 것도 위법입니까?"

그의 말에 그들은 아무 말도 못 했다. 그러자 또 조명구의 말이 들렸다.

"그리구 말은 바른대로 말이요. 선전대 어린애들

이 항일선전하는 게 잘못이오? 아니면 당신들이 항일구국을 막는 게 잘못이오? 한번 제 가슴을 치며 생각해 보시우. 당신네는 중국 사람이 아니오?"

조명구의 질문에 그들은 대답을 못 했다.

"당신들이 항일구국을 파괴했다가는 그 누구도 목숨을 보전 못 할 줄 아시우. 지금 완달산에도 흥만령에도 어데나 다 항일군이 있다는 걸 모르진 않겠지. 우린 바로 산에서 내려온 항일군이요, 이제 잇달아 더 많이 내려올 것인데, 누가 한번 밀고 해보시우!"

조명구가 이렇게 으름장을 놓자 그들은 기가 꺾였다.

"아니 아니, 밀고를 하다니요. 우리도 중국 사람으로서 어찌 그런 짓을 하겠수?"

"그렇다면 당신들은 여기서 기다리시우. 부대가 곧 마을에 들 것이니 일을 거들어줘야지요."

조명구는 이렇게 얼러놓고 헛간으로 나왔으며, 우리를 데리고 신속히 마을을 떠나버렸다.

벌판의 하늘엔 눈보라가 보얗게 휘몰아치며 우리의 양 볼을 마구 에어댔다. 눈은 우리 애들의 허리까지 올 정도로 깊었다. 나는 걷는다는 것이 엎어지며 뒹구는 것이었다. 그러다가 무심결에 머리를 들어 밤하늘을 보니 공중에 북극성이 또렷이 보였다. 누구도 어데로 가는 길이라고 말하지는 않았지만, 줄창 걸은 방향은 북쪽이었다. 그래서 나는 우리가 꼭 강북유격대 주둔지로 가고 있다고 짐작했다. 유격대에 가면 진정 항일전사가 될 것이다. 이런 생각에 나는 내 나름으로 가슴이 부풀고, 온몸에 힘이 솟아났다.

〈끝〉

편집 후기

이 기록은 1995년 '광복 50주년 기념 해외 한국인 기록문화상(제1회 나라안팎 한국인 기록문화상)'에 응모한 작품이다. 그때 "당선작으로 손색이 없으나, 공표하기에는 좀 이른 감이 있다"는 심사위원들의 견해가 있어 보류했던 것인데, 그 뒤 제2회 한국인 기록문화상의 당선작으로 선정, 이번에 발표하게 된 것이다.

이민(李敏)은 1924년 중국 흑룡강성 오동하에서 태어난 조선족으로, 오빠와 아버지에 이어 12살 어린 나이로 항일 운동에 뛰어들어, 이조린(李兆麟)이 총사령인 동북 항일연군 3로군 예하부대에서 활동했다.

1937~1938년 사이 일본군의 토벌공세가 거세지면서 3로군은 송화강 유역 삼강평원 일대와 밀

산·완달산 등지에서 기병대가 주력인 일본군에 맞서 수목이 울창한 늪지대를 넘나들면서 유격전술을 폈다. 1938년 여름 완달산 전투에서 300여 명의 부대원 가운데, 60여 명만이 살아남았다는 사실에서 이때의 상황이 얼마나 처절했는가를 알 수 있다.

일본군은 군인 외에 개척단 주민 수천 명을 동원, 동서남 3면에서 포위하여 고립작전과 함께 숲에 불을 질러 이른바 초토화 작전을 펴서 유격대가 숨을 근거지를 없애려 했다. 차츰 좁혀오는 포위망 속에서 이민을 포함한 부대원들은 엿새 동안 물 한 모금을 마시지 못하고 굶주리면서 북쪽 절벽을 타고 수많은 희생자를 내면서 탈출했다.

이민은 당시를 "배고픔과 추위는 그런 대로 참을 수 있었지만 일본군의 교활한 귀순작전에 말려 심리적 동요를 일으킨 전우들의 배반이 가장 가슴 아팠다. 총에 맞아 죽고 굶어 죽어가던 전우들을 생각하면 지금도 눈물이 나온다"고 회상하고 있다.

왼쪽부터 흑룡강성 정협 제1대 부주석 이민, 후진타오 총서기(주석), 흑룡강성 제1대 성장 진뢰. 후진타오 총서기가 2002년 춘절(春節)에 공산당 원로들을 위문하였다. 이민이 동북항련의 14년 항전을 담은 자료와 《동북항련가곡선》을 후진타오 총서기에게 기증하였다. 후진타오 총서기가 항전 시기의 진귀한 사진에 대한 설명을 귀기울여 듣고 있다.

이민이 소속한 부대는 1941년, 소련령으로 넘어가 1942~1945년 사이 김일성·김정숙이 속한 88특별여단 부대와 합류했고, 이민은 그들 내외

와 각별한 우정을 맺게 되어, 중국인 지주출신 동료 항일투사와 결혼할 때 김일성이 주례를 서기도 했다(김정일 북한 국방위원장은 그녀를 '고모'라 부를 정도라고 한다).

이민과 그녀의 남편은 문화대혁명(1966~1976) 때 반동으로 몰려 고문을 당하고 투옥되기도 했지만, 등소평의 등장으로 복권되어 그녀의 남편은 흑룡강성 성장을 10년 동안 지냈고, 그녀 또한 흑룡강성 정협 부주석을 역임했다.

이민은 자신의 파란만장한 일생을 회상하는 작업을 하고 있으나, 우리말을 잊어버려 중국어로 적고 있는데, 전 흑룡강성 조선어방송국장 이상권(李相權) 선생이 우리말로 풀어 놓은 것이 이 책이다.

문화일보사 사업국 앞으로 온 편지

안녕하십니까?

'광복 50주년 기념 해외 한국인 기록문화상 공모'의 통지를 받고 여기 중국의 동북땅에서 항일투쟁을 한 李敏 여사의 자서전 제1부분 초고를 정리·번역하여 공모에 드립니다.

이민 여사는 고생스런 동년(童年)시절부터 항일선전활동에 참가했고 13살부터는 항일연군(抗日聯軍)에 가입하여 일선에서 싸웠댔습니다.

구사일생으로 광복을 맞은 그는 나라의 건설에 열심히 투신했으나 중국의 '문화대혁명'이라는 비상시기에는 장장 5년 동안이나 억울하게 감옥살이를 했댔습니다. 그는 교육행정, 여성 분야, 공장, 총공회, 민족사업 등의 지도사업을 맡았었고 은퇴 전에는 흑룡강성민족사무위원회 주임, 흑룡강성정치협상위원회 상무부주석이었습니다.

이민 여사는 이미 《동북항일연군가곡선》이란 노래집을 펴냈고 이어 또 항일투쟁을 회상하는 자서전을 중국어로 쓰고 있으며 제가 그 중국어 초고를 정리하며 다듬어드리고 있습니다. 여기 보내드리는 원고가 바로 그 자서전의 첫 부분입니다.

공모사업이 성과적으로 추진되기를 기원합니다.

1995. 11. 16.
중국·흑룡강조선어방송국 국장
李勝權 드림